SOUVENIRS DE VOYAGE

SOUVENIRS DE VOYAGE

GORITZ-ROME

FÉVRIER 1879

NIMES
IMPRIMERIE TYPOGRAPHIQUE LAFARE FRÈRES
Place de la Couronne, 1.
1879

Ces lettres d'Italie et de Rome ont été écrites au jour le jour pour la GAZETTE DE NIMES. *Elles se ressentent de la précipitation avec laquelle elles ont dû être rédigées, mais, par cela même, elles portent l'incontestable empreinte de leur origine respective ; elles reflètent fidèlement la physionomie des faits qu'elles rapportent; elles rappellent avec exactitude les premières confidences qui leur furent faites, les suaves émotions qui leur étaient confiées à mesure qu'elles étaient ressenties : elles sont, dans tout la vérité du mot, des souvenirs authentiques de voyage.*

C'est leur seul mérite. Je désire qu'il leur suffise pour recevoir de mes amis un bienveillant accueil, pour leur faire pardonner la prétention de revoir le jour en brochure et pour trouver grâce auprès de leurs lecteurs. Je serais au comble de la joie si elles pouvaient, en outre, faire partager à autrui les sentiments dont j'étais rempli en les écrivant, faire mieux connaître et faire aimer davantage le PAPE et le ROI.

F. F.

GORITZ

I

Bologne, 15 février 1879.

Je regrette de n'avoir pu vous écrire plus tôt ; le temps m'a complètement fait défaut. Je profite d'un arrêt forcé à Bologne pour recueillir mes souvenirs de ces trois jours de voyage bien remplis et vous les envoyer ; vous verrez s'ils sont de nature à intéresser vos lecteurs.

Je débutai, mercredi matin, par Milan. En arrivant dans cette ville, ma première course fut pour la magnifique cathédrale communément appelée le DOME. J'avais vu des reproductions de ce chef-d'œuvre de l'architecture catholique, mais aucune photographie ne peut rendre exactement la physionomie de ce monument. C'est vous dire aussi que ma plume se refuse à vous en décrire toutes les beautés. On y va de merveille en merveille ; la dentelure et les nombreux petits clochetons de la façade semblent découpés au ciseau ou à la scie, comme on découperait un carton ou un léger morceau de bois. Les statues fourmillent au milieu de ces ornementations ; on les compte par centaines ; c'est comme un peuple de marbre qui veille sur le sommet du temple. Le portail, en particulier, est de toute beauté, d'une richesse de décoration dont on ne peut se faire une idée. L'intérieur est en harmonie parfaite avec l'extérieur ; on y remarque surtout les gigantesques vitraux qui ont bien, jusqu'à la naissance de leur ogive, six à sept mètres de hauteur sur six mètres au moins de largeur, autant que j'en ai pu juger à première vue ; c'est une longue série de petits vitraux représentant tous les principaux mystères de la vie de N. S. J. C. et de la Très Sainte Vierge. Les bas-reliefs sont également très nombreux, et tous comptent au nombre des chefs-d'œuvre de l'art.

Mais ce qui m'a particulièrement intéressé, c'est la chapelle de saint Charles Borromée où sont conservées les reliques du grand archevêque de Milan. Je me suis prosterné aux pieds de cette châsse qui contient un si précieux trésor, et j'ai uni dans ma prière tous les paroissiens de Saint-Charles si dévots à leur glorieux patron, ainsi que leur vénérable et zélé pasteur, M. le curé Guiméty. Notre pays est à cette heure atteint d'un fléau plus funeste encore que la peste : puisse l'intercession de saint Charles nous obtenir de Dieu la grâce d'en être préservés !

Je voudrais bien vous dire quelques mots sur l'église Saint-Ambroise si intéressante par son antiquité et surtout par ses grands souvenirs ; on y conserve le siége épiscopal de cet illustre et saint docteur. Puis, il y aurait à parler aussi de la magnifique galerie Victor-Emmanuel, de la statue Cavour, etc.; mais ces derniers monuments auraient pour nous peu de charmes et, d'autre part, j'ai hâte de monter en wagon et de poursuivre ma route.

J'arrivai à Venise, mercredi, à sept heures du soir. Le lendemain, dès l'heure la plus matinale, je me trouvai sur la place Saint-Marc, en face de cet autre chef-d'œuvre de l'art chrétien. L'église Saint-Marc de Venise est d'un tout autre genre que la cathédrale de Milan ; on ne peut donc établir entr'elles aucune comparaison ; mais en tenant compte du genre de chacune, je serais tenté de donner la préférence à Saint-Marc de Venise. La façade principale seule est tout un monument. Tandis qu'à Rome la beauté des églises est surtout intérieure, ici c'est l'extérieur qui frappe et qui saisit. Je me garderai bien d'entrer dans les détails; le journal suffirait à peine pour en commencer la description. Je dois dire cependant que tous les murs et la voûte à l'intérieur sont couverts de magnifiques mosaïques : il n'y a pas la moindre place qui n'ait sa peinture en ce genre là.

A l'extérieur, du côté droit de l'église, presque adossé au mur, se trouve un monument funéraire à la mémoire de Daniel Manin, le dernier président de la république de Venise. Le cénotaphe en beau marbre repose sur le dos de quatre immenses lions qui sont écrasés sous son poids. Serait-ce le symbole du joug que les républiques font peser sur les peuples ? Il faudrait croire alors que les peuples ont la mémoire bien courte, puisque j'ai vu aux pieds du monument une belle couronne noire et blanche portant cette inscription : « Les associations ouvrières unies : 22 mars ». C'est une aspiration vers « l'ancien régime » de Venise : l'Italie a voulu séparer Venise de l'Autriche et voici qu'une fois alléchée, Venise veut même secouer le joug de l'Italie. Je comprends cette logique d'un peuple qui veut retourner à ses traditions. Quand la France aura-t-elle cette logique si salutaire ?

Je ne pouvais passer à Venise sans aller visiter le tombeau de l'ancien député du Gard, M. Chapot, le père si regretté d'un de nos meilleurs amis. Une gondole me conduisit à l'île Saint-Christophe, et là, sous une des dalles du cloître, je trouvai le modeste monument que «M. le Comte de Chambord a fait ériger en témoignage de douleur et de gratitude». Je fus heureux de me trouver un instant auprès de ces dépouilles depuis si longtemps en exil.

M. Chapot mourut à Venise, le 8 février 1856, au palais Cavalli, « où il était venu, dit l'inscription tumulaire, saluer le fils et l'héritier de ses rois. » J'ai remarqué surtout ces paroles qui sont le plus bel éloge d'un homme : « Modèle de fidélité et de dévouement, il a consumé sa laborieuse et trop courte vie, Au service des grands intérêts de son pays. »

Je récitai une courte prière, les yeux mouillés de larmes, et je demandai au Seigneur de nous donner à tous un peu de cette fidélité et de ce dévouement dont nous avons aujourd'hui un si grand besoin.

Plus loin, encore, dans l'exil, vit seul avec ses tristesses, « le fils et l'héritier de nos rois ». Il faut franchir l'extrême frontière de l'Italie et pénétrer sur le territoire autrichien pour aller saluer le digne rejeton de saint Louis. Le cœur se serre à mesure que l'on s'éloigne du sol français et surtout quand on pense que Celui qui ferait le bonheur de la Patrie est contraint d'en être si impitoyablement séparé.

A la Villa Bogmann je fus accueilli, d'abord, par M.

le marquis de Foresta, avec des témoignages de bonté dont je me souviendrai toujours ; il voulut bien m'assurer que Monseigneur m'accorderait le lendemain l'honneur d'une audience particulière. En effet, hier, vendredi, à huit heures du matin, je recevais un billet de M. le marquis de Foresta qui m'annonçait que Monsieur le Comte de Chambord me recevrait à midi et qu'il m'invitait aussi à dîner avec lui, le soir, à sept heures.

C'était beaucoup plus que je n'avais osé espérer ; j'étais confondu de tant de bienveillance.

Scrupuleusement fidèle au premier rendez-vous, je me retrouvai à midi à la villa, et immédiatement M. d'Andigné m'introduisait auprès de Monsieur le Comte de Chambord. Je renonce à vous dire l'émotion qui s'empara de moi au moment où je me trouvai en face du Roi ; elle se calma promptement, grâce à l'accueil si paternel qui m'était fait. Monsieur le Comte de Chambord daigna tout d'abord me remercier de mon voyage à Goritz et de mes quelques efforts pour la défense et le triomphe de la cause dont il est l'auguste représentant. Ces paroles me furent d'autant plus précieuses qu'elles étaient dites avec une rare expression de sincérité et d'amabilité. Je répondis que ma visite était l'accomplissement d'un devoir, car je n'avais entrepris le voyage de Goritz que pour remercier le Roi du précieux souvenir dont il avait bien voulu honorer son serviteur Il me fit signe alors de m'asseoir et, s'étant assis lui-même, il me demanda des nouvelles de tous nos amis, m'interrogeant, en particulier, sur les dispositions de notre excellent peuple. Il connaît beaucoup sa bonne ville de Nimes ; il l'aime d'une affection toute particulière. Les traits que je lui rapportai de la fidélité et du dévouement de nos concitoyens l'émouvaient profondément, mais ils ne l'étonnaient pas. « Quel bon peuple ? » s'écriait-il.

J'étaisheureux, je vous l'assure, de recueillir une pareille parole tombée des lèvres du Roi et inspirée par son cœur. Combien je voudrais qu'elle fut entendue de tous nos chers Nimois! Qu'ils la reçoivent comme une récompense et comme un encouragement. Qu'ils sachent que le Roi les connaît, qu'il les aime et qu'il compte sur leur fermeté inébranlable.

Monsieur le Comte de Chambord me parla aussi de M. Ferdinand Boyer, notre député, qu'il appela plusieurs fois « l'excellent Boyer » et de la *Gazette de Nimes*, qu'il honore de toutes ses sympathies ; son désir le plus ardent est que cette feuille continue à Nimes sa difficile, mais salutaire mission; il voulut bien me rappeler que la *Gazette de Nimes* a été toujours une des premières feuilles royalistes qui ont reproduit ses lettres et qui y ont fermement adhéré.Le Roi est donc satisfait de votre attitude et de la direction imprimée à votre feuille : il vous suit de loin et son cœur est avec vous.

Notre entretien se prolongea encore longtemps, et je vous laisse à penser combien ce temps me passa avec rapidité Je ne puis tout vous répéter ; je me borne à vous dire que rien de ce qui est nécessaire à notre temps ne lui est étranger ; avec la même facilité, il descend dans les moindres détails sur un département ou sur une ville, et il s'élève aux considérations les plus générales et les plus hautes sur la situation présente de la France, sur les conditions de son relèvement et de son salut.

Ah ! si la France connaissait cet Enfant de ses Rois ! Avec quel empressement elle le rappellerait pour se jeter dans ses bras ! Quel esprit et quel cœur ! Quelle bonté sur son visage ! Quel aimable sourire sur ses lèvres ! La France le comprendra, sans doute un jour ! Non, Dieu n'a pas fait ce prince si accompli pour qu'il reste sans mission : il en a une certainement, et il la remplira.

Le soir, à sept heures, j'avais encore l'honneur de voir Monsieur le Comte de Chambord. A table, j'étais à sa gauche et je fus comblé, de nouveau, de ses plus délicates attentions. Je pense qu'elles s'adressaient surtout au Nimois qui représentait auprès de lui tous ses compatriotes, car le Roi nous parla encore, en termes des plus flatteurs, de la ville de Nimes. A la soirée qui suivit, Monsieur le Comte de Chambord fit aussi l'éloge de la population du Vigan dont lui avait autrefois si bien parlé M. Chapot, et, à cette occasion, il rappela encore le souvenir de ce fidèle et dévoué serviteur « qui aurait pu, ajoutait-il, rendre à la cause de si utiles services. »

Il fallut, enfin, mettre un terme à toutes ces consolations : Monseigneur nous donna lui-même le signal, mais avant de nous quitter, il me chargea de ses compliments pour tous nos amis et, en particulier, pour M. le baron de Fontarèches, à qui il souhaite encore de longs jours, afin qu'il puisse jouir du triomphe.

Dans l'après-midi, M. Henri de Foresta avait eu la bonté de me conduire au couvent des Franciscains, où sont déposés provisoirement les restes mortels des membres de la famille royale morts sur la terre d'exil. Je fus heureux d'accomplir ce pieux pèlerinage à ce nouveau Saint-Denys ; je récitai une prière sur les tombes du roi Charles X, de Mme la duchesse de Parme, du duc et de la duchesse d'Angoulême, et je demandai en même temps à Dieu de mettre fin à cette longue et injuste proscription dont sont frappés ces restes vénérables.

En terminant, je demande la permission à M. le marquis de Foresta de le remercier publiquement de tous les témoignages de sympathie et de bienveillance dont il m'a honoré : cet ami sincère et dévoué de l'exil est digne, en tous points, de l'importante mission qu'il doit à la confiance sans bornes de son Roi ; son fils, qui marche si bien sur ses traces, sera le digne héritier de ses vertus et de ses traditions.

Je ne sais comment j'ai écrit ces pages ; j'ai été bien long et j'ai dit peu de choses. Mais ce que je ne dis pas, vous le pressentirez et vos lecteurs sauront, eux aussi, suppléer à mon silence. Telle qu'elle est, cette lettre pourra les intéresser ; si vous êtes de cet avis, je vous laisse le soin de la publier dans vos colonnes.

De Bologne où je me trouve pour quelques heures, je me rends directement à Rome. J'y arriverai demain matin ; dès que j'en aurai le loisir, je vous écrirai pour vous parler de notre audience de samedi prochain au Vatican.

F. C...

II

Au sortir de Venise on retrouve à gauche la longue chaîne de montagnes qui court sur les frontières du Milanais. Elles se dressent à l'horizon comme pour le fermer, elles montrent avec une certaine fierté leurs sommets couronnés d'un diadème de neige. Vous ne les quittez plus pendant un trajet de six heures, et vous vous demandez avec inquiétude quelle doit être cette région où la neige semble avoir élu domicile pour toujours.

Mais tout à coup le cercle des montagnes s'est rapproché de votre chemin ; le train, marchant à toute vitesse, franchit cette sorte de rempart en apparence infranchissable.

Vous voilà transporté dans un petit vallon : la neige a disparu ; le vent froid a cessé de souffler ; vous êtes dans un coin délicieux de l'Illyrie ; vous demandez le nom de cette charmante ville qui s'étend devant vous et vous apprenez avec bonheur que vous êtes enfin arrivé au terme de votre voyage.

C'est Goritz. A ce mot, la plus douce émotion s'empare de l'âme. On oublie, pour ainsi dire, un instant, la distance qui sépare de la patrie pour ne penser qu'aux hôtes augustes de cette cité privilégiée. Vous ne connaissez encore rien de cette ville toute nouvelle pour vous, mais déjà vous cherchez du regard la demeure qui doit abriter le fils de nos rois. Cette pensée vous pénètre, vous saisit ; il vous semble que vous retrouvez la France dans ce coin de terre qui est si hospitalier pour de nobles exilés. Pourrais-je oublier jamais cette suave impression que la première vue de Goritz a produite sur moi !

Goritz ne touche pas à la gare qui porte son nom, mais elle y est rattachée par une très belle allée de platanes qui lui sert tout à la fois d'avenue et de lieu de promenade. La ville a un peu du grand air des cités italiennes ; ses rues sont assez larges, très bien pavées et non moins bien entretenues ; ses maisons ont en général bonne apparence.

Goritz ne possède aucun monument. Sa Cathédrale n'offre rien de remarquable au point de vue de l'art ; l'église Saint-Ignace, qui est sur la grande place, lui est supérieure, quoiqu'on ne puisse guère en louer que la beauté du sanctuaire et la richesse du maître-autel. La façade de cette église ressemble assez à celle de la chapelle de notre Lycée, mais dans de plus grandes proportions ; l'exposition qui est au milieu du maître-autel m'a rappelé aussi un peu celle qu'on remarquait au maître-autel de notre Cathédrale de Nimes.

J'ai parlé de la Cathédrale de Goritz. C'est qu'en effet cette ville est le siége d'un archevêché ; le titulaire, dont le nom m'a échappé, est un prince issu d'une des plus grandes familles d'Autriche, vénérable vieillard plus qu'octogénaire, qui gouverne encore avec zèle son diocèse et qui est entouré de l'estime et de la vénération de tous.

Le chiffre de la population de Goritz s'élève à 20,000. La plus grande partie est catholique, mais on y compte d'assez nombreux luthériens et israélites.

Quant à son commerce, il ne présente rien de particulier ; il consiste surtout en soieries et en liqueurs. En revanche, cette ville est renommée pour son imprimerie de livres hébreux et pour ses sociétés savantes.

Son aspect général plaît à la vue : elle est dominée, d'un côté, par un château transformé aujourd'hui en caserne, de l'autre par le couvent des religieux franciscains où se trouve le tombeau des rois de France. Du haut de ces deux collines, l'œil plonge sur toute l'étendue de la vallée où l'on voit s'élever çà et là de nombreuses et gracieuses villas.

Les habitants ont les mœurs douces, affables. Pour les étrangers, pour le Français surtout, ils se montrent d'une cordialité presque fraternelle ; il semble qu'ils nous soient attachés par des liens tout particuliers et qu'ils veuillent nous faire un peu participer à cette affection sincère et profonde dont ils entourent Celui qu'ils appellent « Il Principe. »

C'est dans cette ville que la famille royale passe presque tous les hivers, depuis les longues années de son exil. Elle n'y a aucune possession personnelle, ni maison, ni villa ; elle a habité tantôt l'intérieur de la cité, tantôt la campagne, louant chaque année l'habitation sur laquelle se portaient ses préférences.

Pendant quelques années, Monsieur le Comte de Chambord avait fixé son choix sur Venise, où le climat est peut-être encore plus doux, mais depuis que la Révolution a fait de cette illustre cité une ville italienne, il en a abandonné le séjour et est revenu régulièrement à Goritz. L'habitation de Monsieur le Comte de Chambord est tout à la fois à la ville et à la campagne. C'est une maison de modeste apparence précédée d'une courte avenue et entourée d'un petit parterre; elle est à peine suffisante pour abriter ses hôtes augustes, de très rares amis et le personnel chargé du service. Au rez-de-chaussée se trouve l'étroite chapelle où Monsieur le Comte de Chambord et Madame assistent régulièrement au Saint Sacrifice de la messe.

Toute autre est la demeure princière de Frohsdorff, près de Vienne. Là se trouve une vraie petite colonie française; Monsieur le Comte de Chambord s'y est entouré de métayers qui lui rappellent la patrie et il s'est formé plusieurs familles qui sont l'objet de sa plus tendre sollicitude. C'est une seconde France, mais on y jouit d'un gouvernement paternel ; les écoles y fleurissent, dirigées par des religieuses et par des frères; la liberté du bien n'y est pas entravée par d'injustes défiances ou de coupables intrigues. On me parlait avec délices de cette demeure de Frohsdorff où l'on retrouvait avec amour la patrie absente.

Mais la saison d'hiver y est très rigoureuse, et la santé très délicate de Madame la Comtesse de Chambord exige un climat plus favorable. Il faut alors s'éloigner de Frohsdorff et se condamner comme à un second exil dans l'exil même.

A Goritz, comme à Frohsdorff, la vie de la famille royale est toujours la même, partagée entre l'étude, une nombreuse correspondance, quelques audiences et de courtes promenades dans la campagne. Les habitants de la cité fréquentent le chemin de la villa Bogmann, ils savent qu'ils y trouveront toujours le plus bienveillant accueil. Ce toit est éminemment hospitalier.

La joie y est grande surtout quand un pèlerin, arrivant des régions lointaines de la France, vient frapper à cette porte ; on le regarde, on le reçoit comme un fils qui demande à entrer dans la maison de son père. L'étiquette des cours n'est point ici connu : aucun cérémonial ne précède ni ne suit l'audience ; on se croirait admis dans la plus grande intimité de la vie de famille.

Quelle douce bonté dans Monsieur le Comte de Chambord ! Elle perce pour ainsi dire à travers tous les traits de son visage; elle se trahit surtout dans ce gracieux sourire qui ne quitte point ses lèvres royales, dans ce regard si expressif, si pénétrant mais en même temps si tendre et si doux.

Digne compagne du petit-fils d'Henri IV, Madame la Comtesse de Chambord se distingue par une rare délicatesse de cœur. Avec quelle grâce elle rappelle à ses hôtes d'un jour les souvenirs, même lointains, qui peuvent leur être agréables ! Avec quelle charité elle sait veiller au soin des pauvres ! Partout où elle possède un coin de terre, sa sollicitude s'étend jusqu'aux moindres détails, en particulier sur les communautés religieuses, sur les écoles, sur les hopitaux. Je ne veux pas révéler des confidences que j'ai été si heureux de recueillir, mais il peut bien m'être permis de dire que le nombre des abondantes largesses de sa charité égale le nombre des heures de chaque jour; elle console et soulage toutes les infortunes.

Cette vertu trouve sa force et son fondement dans une

piété tout à la fois solide et aimable. L'amour du prochain découle comme naturellement de l'amour de Dieu et il est aisé de soupçonner les dons précieux de cette âme où revivent les vertus de Sainte Clotilde.

J'ai raconté déjà les faveurs dont j'avais été comblé. Tout Français jouirait du même privilège. Monsieur le Comte de Chambord n'appartient pas à une caste, à un parti : il se doit à la France entière ; il aime également tous les Français parce qu'il est le père de tous. Il vous entretient de ce qu'il sait devoir vous intéresser personnellement, mais on comprend qu'il connaît aussi tout ce qui intéresse autrui ; on voit qu'il n'ignore rien de ce qui concerne la France et qu'il suit pas à pas tous les évènements.

On répète toujours qu'il n'est pas de son temps ; il ne faut point se lasser de répondre qu'il n'y a peut-être aucun roi en Europe qui connaisse son siècle aussi bien que lui. Eloigné du théâtre des évènements, loin de tout bruit, de toute intrigue, il a pu à loisir étudier les hommes et les choses et les juger à leur juste valeur.

Quel que soit le sujet de la conversation, il a toujours le mot vrai qui éclaire et résout une question. Ce n'est pas une parole qui ait la prétention d'être sentencieuse, mais elle s'impose parce qu'elle apparaît judicieuse, claire, précise.

Avec quelle profonde tristesse il contemple notre pauvre pays en butte à toutes les folies de la Révolution ! C'est peut-être le seul instant où son visage s'assombrit et votre âme est toute pénétrée de ce sentiment de vive affliction qui se trahit sur tous les traits de l'auguste héritier de nos Rois.

Nous sommes si éprouvés et nous serions si heureux

sous un tel Roi ! Telle est la pensée qui s'offre alors naturellement à l'esprit et l'on se surprend à regretter qu'entre la France et son Roi il se soit toujours trouvé des hommes qui les aient empêchés de se connaître et de s'unir.

Mais en même temps on est rassuré par la parole si pleine de confiance de Monsieur le Comte de Chambord. Il est attristé, mais il a foi dans le salut de la France et dans sa mission. Nos amis m'ont demandé si le Roi ne désespérait pas, si, du moins, il n'était pas découragé. Je me suis hâté de répondre et je suis heureux de le répéter ici : Non, le Roi ne désespère pas ; il compte sur l'avenir qui appartient à Dieu.

N'attendez pas de lui des déclarations réitérées, des affirmations plus ou moins accentuées. « Ce n'est pas lui, disait hier avec raison le *Journal des Débats*, ce n'est pas lui qui s'aidera jamais de moyens de théâtre pour duper l'imagination de la France. Sa conscience tranquille et fière a horreur du charlatanisme. »

Ce témoignage est parfaitement vrai. Une seule fois, Monsieur le Comte de Chambord m'a fait entendre le mot de triomphe. C'était au moment où j'allais me retirer ; il me chargeait de ses affectueux souvenirs pour tous ses amis de Nimes et pour tout le peuple de notre bonne ville qui lui est si dévoué, mais s'arrêtant en particulier sur M. de Fontarèches, il ajouta : « Dites-lui bien que je lui souhaite de vivre encore assez pour qu'il puisse jouir du triomphe. »

Monsieur le Comte de Chambord n'affecte pas de parler de ses espérances, mais chacun de ses mots porte en vous la conviction profonde qu'il croit en sa mission et qu'il la remplira un jour. Involontairement, à chacune de ses paroles vous vous rappelez ces lignes de la lettre de Salzbourg : « Je suis le pilote nécessaire, le seul capable de conduire le navire au port, parce que j'ai mission et autorité pour cela ».

Il a mieux que des espérances, il a une conviction, la certitude que la France sera sauvée et qu'il sera, dans les mains de Dieu, l'instrument de ce salut.

Quelques uns feignent de s'étonner de cette confiance qu'ils veulent bien appeler sans fondement et sans raison. Ceux-là même trouvent cependant admirable cette parole de César à son nautonnier qui tremblait pour son embarcation et pour sa vie : « Marche ! ne crains rien : tu portes César ! » S'ils applaudissent le païen qui croyait à son étoile, pourquoi n'admireraient-ils pas ce fils de nos rois qui a foi dans sa mission ? Ici ce n'est ni exagération, ni forfanterie, ni illuminisme ; c'est l'expression d'un sentiment que nous ne pouvons comprendre, et dont l'origine nous échappe, mais qui nous paraît d'autant plus légitime qu'il se fait jour avec plus de simplicité et qu'il s'impose à autrui avec plus de force.

La Providence elle-même vient confirmer encore cette conviction. Que de victimes a faites l'exil ! Que de tombes prématurément ouvertes sur cette terre si lointaine ! Lui, malgré tant de douleurs et tant d'amertumes, il est toujours debout plein de force, de santé et de vie.

Les années s'accumulent sur sa tête, mais elles semblent le respecter. Son visage calme, serein, est toujours celui de sa jeunesse. Son intelligence a mûri, elle s'est développée, elle est enrichie de toutes les connaissances nécessaires à un roi : seuls, les traits de sa physionomie n'ont pas changé et peuvent nous promettre encore de longues années d'un règne heureux !

Le voilà ce Prince accompli que Dieu réserve à la France! Il ne l'a pas fait naître avec tant de dons, il ne l'a pas conservé au milieu de tant de périls pour nous le ravir! Il nous le donnera un jour pour nous relever et pour nous sauver. Soyez-en sûrs : ayez, comme lui, foi en sa mission et dans la mission de la France.

Vienne bientôt ce jour où notre infortuné pays comprendra combien son Roi lui est nécessaire? Ses ennemis eux-mêmes sont aujourd'hui forcés de l'admirer. Ah! s'ils le connaissaient encore mieux, ils l'aimeraient aussi et l'appelleraient. Le peuple de Goritz se presse au-devant de ses pas, quand il sort pour la promenade ou pour une pieuse visite au tombeau de ses pères. Heureux peuple! Il me montre ce que ferait le peuple français s'il pouvait voir et contempler ce fils de ses rois!

En attendant, pour lui, c'est encore l'exil; pour nous, c'est l'épreuve. On est au comble du bonheur quand on visite les hôtes augustes de la cité autrichienne; on sent renaître en son âme comme une force nouvelle qui rajeunit le dévouement, qui soutient et qui vivifie l'espérance! Hélas! ces jours passent rapidement; on retombe bien vite dans la triste réalité : on s'aperçoit bientôt que la patrie est toujours malheureuse et que, malgré tous ses charmes, Goritz, c'est encore l'exil.

F. C...

ROME

I

Rome, 18 février 1879.

Me voici enfin arrivé au but de mon pèlerinage. Il me tardait de revoir Rome où j'avais, il y a quelques années, goûté de si suaves émotions. Je la revois, mais quel changement s'est opéré ! Ce n'est plus la Rome d'autrefois ; on sent qu'on n'entre plus dans une ville amie ; le soldat italien est partout, dans les rues, aux portes des palais et des casernes, au fort Saint-Ange ; ce n'est plus cette physionomie franche et ouverte du zouave pontifical qu'on était si houreux de rencontrer et qu'on aimait comme un frère !

Au seuil du Vatican, on retrouve la garde Suisse ; plus haut, dans le palais des Papes, on rencontre les gendarmes pontificaux, ainsi que la garde-noble ; mais qu'est-ce que cette garde d'honneur auprès de ce Pontife dépouillé qui a pour tout domaine quelques appartements et un jardin ! Certaines gens ne veulent pas qu'on dise que le Pape est captif et que le Vatican est une prison : en réalité, il n'y a pas d'autre expression qui puisse mieux traduire ce qui est ; à Rome, il est impossible de le nier.

Je n'ai pas eu encore la consolation de contempler les traits de Léon XIII ni de recevoir sa bénédiction. Mais j'ai vu et entendu d'autres pèlerins plus privilégiés qui ne pouvaient se lasser de raconter mille traits de la bonté du Saint-Père. Un d'eux, entr'autres, était tout ému de l'affection toute particulière avec laquelle le Pape lui avait parlé de la France. Ce qui soutient l'espoir de Léon XIII en le salut de cette nation si malheureuse, c'est que la foi y est encore vive. Hélas ! si nos épreuves durent quelque temps de plus, il est bien à craindre que la foi de beaucoup ne défaille ; alors qu'en serait-il de la fille aînée de l'Eglise !

Dieu nous préservera de ce malheur. Je le lui demandais, quelques heures après mon arrivée, prosterné aux pieds du tombeau de Pie IX, par l'intercession de ce saint Pontife. Pie IX aimait beaucoup la France ; il veillera spécialement sur elle.

Je n'étais pas seul à donner au Pontife défunt ce témoignage de mon filial souvenir ; d'autres pieux pèlerins priaient à mes côtés ; depuis lors, toutes les fois que j'ai passé devant ces chères dépouilles, j'ai trouvé des fidèles agenouillés, recueillis, versant des larmes. Le souvenir de Pie IX est à jamais ineffaçable de tous nos cœurs.

Rien n'est plus simple que le lieu de sa sépulture provisoire : l'urne funéraire en marbre blanc est placée au-dessus d'une porte assez élevée, dans la nef de gauche de la basilique Vaticane ; sur cette urne repose un coussin, aussi en marbre blanc ; au-dessus se voit la tiare. Sur la partie du sarcophage qui est en relief, sont écrits ces seuls mots : PIUS IX. P. M. C'est tout ; impossible de rien voir de plus, surtout de rien toucher. Il faut se contenter de s'agenouiller sur la dalle nue de la nef et de prier.

Dans la nef principale il est un monument plus digne de la mémoire de ce grand Pontife. Je veux parler de l'ornementation que le clergé du Vatican a fait exécuter autour de la statue de Saint-Pierre assis : le revêtement du mur qui forme le fond représente une sorte de riche draperie en mosaïque ; elle est terminée en haut par un très beau baldaquin qui s'avance au-dessus de la statue ; enfin, surmontant le tout, apparaît un magnifique portrait-médaillon de Pie IX, aussi en mosaïque; une inscription latine rappelle que cette décoration a été faite en 1871 à l'occasion du Jubilé pontifical de Pie IX, alors que ce Pape atteignit les années du pontificat de S. Pierre à Rome.

Un autre monument, celui-ci encore très remarquable, a été élevé à la gloire de Pie IX dans le vestibule même de l'édifice de la *Scala Santa*, près Saint-Jean-de-Latran. C'est une statue qui représente le Pontife à genoux, les mains jointes et les yeux levés au Ciel : une imitation de la statue de Pie VI qui se trouve sur le pavé de la Confession de Saint-Pierre entre les deux rampes de l'escalier. La statue de Pie IX est en marbre et paraît être un beau travail ; elle reproduit parfaitement les traits du saint Pontife ; son attitude recueillie, comme celle de l'extase, vous saisit tout-à-coup, vous édifie et vous élève.

Pardonnez-moi ces détails, trop longs peut-être ; j'ai pensé qu'ils pourraient intéresser vos lecteurs qui étaient si attachés à Pie IX.

— Les journaux vous auront parlé des délégations de la presse catholique déjà arrivées à Rome ; ils n'ont pas exagéré. J'ai vu, hier, Mgr Tripepi, le promoteur de cette solennelle et imposante démonstration ; il me disait qu'il avait reçu la visite de plusieurs délégués espagnols, de quelques-uns de la Belgique, de la Hollande et même de l'Amérique du Sud. Chaque jour il en arrive d'autres ; tout fait présager que cette démonstration aura un plein succès.

Vendredi, à 3 heures 1[2 de l'après-midi, doit avoir lieu, au palais Altemps, notre réunion préparatoire. C'est là, sans doute, que sera communiquée l'adresse qui doit être lue au Saint-Père dans l'audience du lendemain, au nom de tous les journaux : cela n'empêchera pas que chaque journal ne puisse en offrir une particulière, en son propre nom, qui sera remise au Souverain Pontife. L'adresse générale sera probablement en latin, mais je me réserve de vous faire parvenir, dès vendredi soir, les détails les plus précis sur ce qui aura été résolu pour le lendemain ; le samedi, une dépêche vous indiquera, à grands traits, la physionomie de l'audience pontificale. On assure ici que le Souverain-Pontife profitera de cette occasion pour encourager la presse catholique et préconiser publiquement ses incontestables bienfaits.

Parmi les représentants français de la presse, j'ai déjà trouvé ici M. l'abbé Jeannin, de Besançon, le président si zélé du comité des pèlerinages francs-comtois. Il accompagne son pieux archevêque retenu à Rome, plus longtemps qu'il ne croyait, par une indisposition qui ne lui permet pas encore de quitter même son appartement. M. l'abbé Jeannin, directeur de la *Semaine religieuse de Besançon*, est un prêtre plein de talent et de piété ; présenté au Saint-Père par Mgr Paulinier, il a reçu de la bouche même de Léon XIII les encouragements les plus précieux en faveur des pèlerinages ; il faut bien reconnaître qu'ils ne furent jamais plus nécessaires qu'en notre temps.

— Comme vous le savez, le consistoire est définitivement fixé au 28 de ce mois ; le Pape se propose d'en profiter pour préconiser un certain nombre d'évêques, parmi lesquels celui de Tulle.

— Ce que vous savez peut-être moins, c'est la promotion aujourd'hui très sûre et très prochaine au cardinalat de Mgr Desprez, archevêque de Toulouse, et de Mgr Pie, évêque de Poitiers. Ces deux prélats ont dû en recevoir déjà la communication officielle.

— Je ne vous parle pas de la Lettre d'indiction pour le Jubilé ; vous devez en connaître le texte. Le Jubilé durera trois mois, mars, avril, mai ; les conditions imposées pour le gagner sont à peu près les mêmes que pour les précédents.

— Je viens d'apprendre que Mgr Besson va s'occuper d'écrire la vie de Son Em. le cardinal Mathieu, archevêque de Besançon ; il y a été fortement encouragé par Sa Sainteté. Le clergé franc-comtois attend cette œuvre avec impatience ; elle est difficile, mais elle ne sera certainement pas au-dessus du talent de notre évêque.

— Rome est en plein carnaval ; les amusements vont leur train. Ce n'est plus la joie naïve et douce d'autrefois ; c'est le bruit, c'est la joie éclatante ; la vraie Rome sent que l'heure n'est pas aux réjouissances. Le Corso en particulier attire chaque jour une foule considérable. Demain, mercredi, c'est la course aux chars et aux chevaux, à la suite de laquelle il y aura distribution des prix aux vainqueurs.

Mais là n'est pas ce qui me préoccupe ; j'utilise mieux le peu de temps que j'ai à séjourner à Rome ; des affaires plus sérieuses remplissent mes journées. F. C.....

II

Rome, 20 février 1879.

Le jour a commencé par être pluvieux, mais vers huit heures, la pluie a cessé et nous avons eu, toute la journée, un temps très convenable. Dès six heures, les fidèles se rendaient nombreux dans leurs églises respectives et faisaient monter vers le Ciel leurs plus ferventes prières pour la conservation des jours de Sa Sainteté le Pape Léon XIII. Au Gésu, où se trouvait l'heureuse coïncidence de la cérémonie de l'Adoration avec la fête de l'anniversaire de l'Election du Saint-Père, le concours a été vraiment prodigieux ; l'église n'a pas cessé d'être remplie ; ce soir, à six heures, la solennité a été close par une illumination féerique de toute l'enceinte intérieure.

Au Vatican, le petit bataillon d'honneur, qui monte la garde auprès du Pape, était revêtu de son beau costume des grandes fêtes : les gardes suisses, les gendarmes pontificaux, les garde-nobles étaient tous en grande tenue et s'échelonnaient dans le long escalier du Vatican, jusque dans la cour du Pape Saint Damase.

C'est dans cette cour que j'ai pu assister à l'arrivée de la plupart des Eminentissimes cardinaux. J'ai compté près de trente voitures à deux chevaux noirs ; c'est le seul équipage dont les cardinaux se servent depuis l'occupation italienne.

A midi, le Sacré-Collége était admis à offrir ses hommages et ses félicitations au Saint-Père. Une adresse a été lue par le cardinal-doyen, Son Em. le cardinal Di Pietro, au nom de ses éminentissimes collègues ; Léon XIII y a répondu par un discours qui peut se résumer dans ces deux pensées : Il est nécessaire de rappeler sans cesse à la société ses devoirs ; l'Eglise ne renoncera jamais à aucun de ses droits. Cette dernière proposition produira une très grande impression partout, surtout en Italie ; elle est directement à l'adresse de ceux qui voudraient conseiller à l'Eglise de faire quelques concessions ; elle prouve aussi que Léon XIII a hérité de toute la fermeté indomptable de son auguste et saint prédécesseur.

Immédiatement après l'audience cardinalice, Sa Sainteté recevait le conseil de la *Fédération des sociétés catholiques*, de Rome, qui, par la bouche de son Président, a exprimé au Saint-Père, dans une très belle adresse, les sentiments de vénération et d'amour dont sont remplis tous les membres de ces sociétés.

Le même honneur a été accordé ensuite aux membres de la prélature romaine, aux chefs d'Ordre, aux principaux membres du Patriciat romain, ainsi qu'à un grand nombre de hauts personnages, aux camériers secrets et d'honneur, aux fonctionnaires civils et aux officiers qui remplissaient les divers antichambres de l'appartement papal.

En sortant de là, Sa Sainteté a reçu dans sa chambre le prince Altieri, capitaine, commandant le corps des Garde-Nobles, l'état-major de ce même corps, les commandants de la garde Suisse, de la garde-palatine d'honneur et des gendarmes. Elle a daigné adresser à ces officiers supérieurs de sa petite armée quelques paroles de satisfaction et de remerciement pour la fidélité et le dévouement avec lesquels, officiers et soldats, servent tous son Auguste personne et suivent les nobles traditions de leurs corps. Avant de se retirer, Léon XIII a daigné leur accorder à tous sa Bénédiction Apostolique.

La foule qui était accourue au Vatican et à Saint-Pierre dès le matin était innombrable. J'ai assisté à la Messe solennelle qui a été chantée, à dix heures, à la chapelle capitulaire de la Basilique ; en cette circonstance, a été exécutée une des belles œuvres d'un des maîtres de chapelle de Saint-Pierre dont le nom m'échappe ; autant que j'ai pu en juger, elle m'a paru très remarquable. Les fidèles de tout rang, de toute condition, des députations d'un grand nombre de communautés remplissaient toute la partie de la Basilique qui fait face à la chapelle du Chapitre. C'était à côté même du tombeau de notre bien-aimé Pie IX ; aucun des nombreux fidèles n'a oublié, après avoir prié pour Léon XIII, de donner un souvenir à son glorieux prédécesseur.

— Les délégués de la presse catholique continuent à arriver. Je viens de voir le directeur de la *Libertà cattolica* de Naples, un prêtre dont on m'a fait le plus grand éloge ; il dirige son journal avec beaucoup de talent. Nous avons aussi l'abbé Davin, un rédacteur du journal *Le Monde*, de Paris. Un autre collègue qui honore la presse catholique, c'est M. Margotti, non pas le directeur même de l'*Unità cattolica* de Turin, qui ne peut pas absolument quitter la direction de sa feuille, mais son frère qui combat avec la même énergie et le même dévouement. Il a apporté à Léon XIII la somme de vingt-sept mille francs, recueillis par l'*Unità* dans l'espace de deux mois.

La presse de Rome nous fait l'accueil le plus bienveillant. Mgr Tripepi, qui est le promoteur de notre manifestation filiale du 22 février, est pour nous tous d'une sollicitude qui s'étend aux moindres détails. C'est lui qui a rédigé en latin le projet d'Adresse que nous devons entendre demain vendredi, dans notre réunion préparatoire ; les quelques pensées qu'il m'en a communiquées m'ont rappelé quelques-unes de celles de l'Adresse de la *Gazette de Nimes*.

En notre honneur, l'Académie des Arcades donnera samedi soir une séance extraordinaire à laquelle la *Société musicale de Rome* doit prêter son bienveillant concours. C'est une gracieuseté dont nous sommes très flattés et qui provoquera, de notre part, les sentiments les plus sincères de gratitude.

— Mgr Desprez, archevêque de Toulouse, vient d'arriver, hier, à Rome ; averti officiellement de sa promotion prochaine au cardinalat, il a eu l'heureuse pensée de venir remercier le Saint-Père de cette insigne faveur.

— Nous avons aussi, depuis hier, Mgr Mermillod. Sa Grandeur doit prêcher le carême dans l'Eglise de Saint-Louis des Français ; elle est à peu près remise de sa grave maladie du larynx.

— La convalescence de Mgr l'archevêque de Besançon

est longue Sa Grandeur sera retenue encore quelque temps à Rome. Son indisposition n'a aucune gravité, mais elle l'empêche cependant de se mettre en route pour retourner dans son diocèse.

— Parmi les autres évêques présents à Rome, je dois citer aussi Mgr Coullié, évêque d'Orléans, et Mgr l'évêque de Beauvais. Son Eminence le cardinal Manning est arrivé depuis huit jours.

— On parle encore à Rome de l'émotion produite partout par la correspondance du *Messager de Toulouse* contre la dévotion à Notre-Dame de la Salette. Sa Sainteté, ayant appris certains détails, en a entretenu un de nos évêques français et s'est plû à lui dire qu'il comptait bien accorder les plus grandes faveurs à cette dévotion, en érigeant l'église de la sainte Montagne en Basilique mineure et en invitant les pieux fidèles dévots à Notre-Dame de la Salette à entourer la cérémonie du couronnement de la statue de la pompe la plus solennelle.

C'est une bien grande naïveté de supposer que la dévotion à Notre-Dame de la Salette ou à Notre-Dame de Lourdes est la dévotion propre aux *bonnes gens*, c'est-à-dire aux esprits faibles. J'ai été très édifié, en visitant les jardins du Vatican, de trouver au fond d'une allée de buis, un fac-simile en rocailles de la grotte de Lourdes : on y voit la statue de l'Apparition devant laquelle brûle une lampe ; à côté coule par trois petits robinets l'eau même de Lourdes qu'on envoie régulièrement au Vatican. Pie IX allait prier souvent dans ce petit oratoire la Vierge dont il avait proclamé la Conception Immaculée ; son auguste successeur a maintenu cette pieuse tradition.

Un prêtre allemand me parlait, à Goritz, de ces apparitions miraculeuses de la Vierge en France ; c'était un professeur d'université ; il m'a rendu ce témoignage bien flatteur pour nous : que toutes ces apparitions prouvent la mission providentielle de notre pays. « La France, ajoutait-il, est une nation élue de Dieu, une nation privilégiée. »

Je termine ma lettre sur ces mots. Puisse la France comprendre cette sainte mission et s'en rendre toujours de plus en plus digne ! Qu'elle n'oublie jamais qu'elle est la fille aînée de l'Eglise et qu'elle doit être toujours à la tête des autres nations.

F. C....

III

Rome, 21 février 1879.

Je sors de notre réunion préparatoire. J'ai vu rarement une assemblée plus imposante, non seulement par le nombre, mais par la distinction des personnes et par la variété des nationalités. C'était un vrai congrès de la presse catholique. Nous étions presque des inconnus, les uns pour les autres, mais nous étions unis par les mêmes sentiments ; nous ne formions qu'un seul esprit et qu'un seul cœur. L'Eglise seule peut accomplir de semblables merveilles.

Une des grandes salles du beau palais d'Altemps avait été disposée pour cette circonstance ; au fond apparaissait une statue de grandeur naturelle représentant Sa Sainteté le Pape Léon XIII assis, revêtu de ses ornements pontificaux et bénissant son peuple ; elle était escortée, à droite et à gauche, de quatre autres statues de même grandeur représentant les quatre vertus cardinales : au devant se dressait l'estrade du président et de la tribune, ornée de somptueux candélabres.

Au dessus de la statue de Léon XIII se lisait une élégante inscription latine, à l'adresse des délégués de la presse catholique; c'était un salut fraternel que la presse de Rome nous donnait. Je vais essayer de vous en dire au moins le sens :

« Salut à vous, hommes illustres qui, dans l'arène des feuilles publiques, êtes les défenseurs excellents des excellentes causes. Vous êtes venus en pèlerins jusque dans nos murs ; voici que notre ville vous accueille avec joie, vous et vos témoignages de piété filiale à l'égard de Léon XIII, qui commence, aux applaudissements du monde, la seconde année de son Pontificat; Rome vous reçoit avec ses félicitations, avec ses louanges et avec ses vœux. » (1)

Il est certes difficile d'être plus aimable. Ce bon témoignage de confraternité est la meilleure preuve de cette union des cœurs dont je vous parlais tout à l'heure.

(1) Voici le texte latin de cette inscription due à la plume de Mgr Nocella, secrétaire de Sa Sainteté pour les lettres latines :

Salvete, illustres viri,
In publicorum certamine scriptorum
Defensores optimi causarum optimarum
Vos peregre huc advectos
Urbs nostra spectat ovans
Vestrœque pietatis officia
Erga LEONEM XIII Pont. Max.
Alterum Sacri Pontificatus annum
Plaudente orbe ineuntem,
Gratulatione, prœconiis
Votisque complectitur.

La séance a été présidée par Mgr Lenti, vice-gérant de Rome, tenant la place de Son Eminence le Cardinal Vicaire; il avait auprès de lui un évêque bénédictin et Mgr Luigi Tripepi.

Mgr Lenti a adressé quelques mots à l'assemblée pour préciser le but de notre convocation et de notre réunion dans la Ville Eternelle : ce but est un acte de filiale obéissance et de profonde vénération pour la Chaire de Pierre. Son discours a été fréquemment applaudi ; il s'est terminé par les cris répétés de : Vive Léon XIII !

La parole a été donnée ensuite au savant directeur du journal l'*Osservatore romano*, qui a lu une courte, mais fort belle allocution sur la Papauté. Le directeur de la *Voce della Verità* lui a succédé, en disant, avec une vraie éloquence, les conditions de la lutte actuelle entre la presse impie et la presse catholique. Il a eu un mot très heureux quand, parlant du Pape Léon XIII, il l'a appelé, aux applaudissements de tous, PIE IX SECOND.

Puis, tour à tour ont parlé le directeur de *Il Romano di Roma* qui, sous une forme très originale, a exprimé d'excellentes idées sur la force dont l'Eglise est douée et sur les avantages que peut retirer la presse catholique en participant à cette force de l'Eglise ; le sous-directeur de l'Œuvre de Saint-Paul qui nous a fait connaître l'excellence, la nécessité et les progrès de cette œuvre et qui a fait agréer le vœu de la création, à Rome, d'une agence générale de renseignements pour la presse catholique ; le directeur des cercles catholiques de Belgique qui s'est fait chaleureusement applaudir pour l'énergique expression de son dévouement inaltérable au Saint-Siège ; les directeurs de la *Civilization* et de *Il siglo futuro*, de l'Espagne ; les délégués de la presse portugaise, de la presse hongroise, de la presse américaine qui ont, chacun dans leur langue, exprimé les mêmes sentiments d'amour, de vénération et de fidélité pour le Souverain Pontife. Nous avons également entendu avec bonheur l'excellent directeur de l'*Osservatore cattolico*, de Milan.

J'ai vraiment regretté de ne pouvoir tout comprendre dans toutes ces langues ; les quelques mots que je parvenais à saisir, l'élan avec lequel parlaient les orateurs, les applaudissements fréquemment répétés des auditeurs *polyglottes* me permettaient de soupçonner les excellentes pensées qui faisaient le fond de ces divers discours.

Je m'arrêtai surtout, de temps en temps, à cette remarque qui s'offrait certainement à tous les esprits : Quelle variété dans le langage ; quelle unité dans la doctrine ! C'était un délicieux spectacle que celui de cette nombreuse réunion des journalistes de tous pays, différant les uns des autres par les mœurs, par les coutumes, par la langue, mais tous semblables par la pensée, tous unis dans la même foi et dans les mêmes sentiments d'amour pour le Souverain Pontife.

La séance a été close par une très courte allocution de Mgr Tripepi qui nous a tracé le programme de notre journée de demain et qui, en deux mots, a précisé de nouveau, comme l'avait déjà fait notre honorable président, le caractère de notre imposante manifestation.

F. C....

IV.

Rome, 22 février 1879.

LE PAPE LÉON XIII ET LA PRESSE CATHOLIQUE

Je renonce à vous peindre le spectacle admirable que je viens d'avoir sous les yeux. Je ne l'oublierai jamais ; il restera gravé dans mon esprit et dans mon cœur en caractères ineffaçables.

Nous étions au nombre de douze cents ou délégués ou représentants de quelque journal ; la vaste salle du Consistoire était comble.

A midi précis, le Saint-Père, escorté de ses camériers, de ses garde-nobles, des éminentissimes cardinaux, a fait son entrée. De chaleureux vivats et des applaudissements frénétiques l'ont salué ; Lui, calme, mais visiblement ému, s'avançait en bénissant, et montait les degrés de son trône.

Sa Sainteté s'étant assise, Mgr Tripepi s'est avancé et a lu, en un très beau latin, l'adresse qui exprimait éloquemment tous nos sentiments à l'égard de la Sainte Eglise et du Saint-Siège ; il s'est appliqué surtout à faire ressortir l'union de la presse catholique qui n'avait qu'un même amour, qu'un même esprit et qui défendait la même cause avec la même ardeur et le même dévouement ; il a prié le Saint-Père de nous donner, à tous, la règle que nous devions suivre dans nos luttes quotidennes *Petre, doce nos.*

Le Souverain Pontife s'est levé, le visage serein, l'œil pénétrant et d'une voix fortement accentuée il a répondu aussi en un latin vraiment cicéronien. Il vous faudra reproduire la traduction de ce remarquable discours qui produira, certainement la plus grande impression ; rarement le Saint-Père a été plus éloquent, plus énergique, plus heureux dans l'expression de pensées si élevées et si délicates.

Il a daigné nous remercier d'abord de la joie profonde que notre vue procurait à son âme, et puis, abordant la question principale, il nous a fait des ravages de la mauvaise presse le tableau le plus navrant. Pour arrêter ce mal, la bonne presse n'aura pas toujours à son service les moyens les plus puissants ; elle rencontrera même les plus douloureuses contradictions, mais elle ne doit pas se décourager ; il faut qu'elle lutte avec persévérance et avec dévouement.

L'Eglise lui sert d'exemple ; elle aussi est calomniée, mais elle continue son œuvre salutaire à la société ; rien ne pourra l'empêcher de remplir sa glorieuse mission. Le Pape est toujours résolu à marcher sur les traces de saint Pierre et de ses glorieux prédécesseurs ; il ne cèdera sur aucun de ses droits.

C'est cet exemple que nous devons imiter ; il ne faut être ni plus ardent ni moins courageux que l'Eglise ; il ne faut ni rester en deçà ni aller au-delà. La règle à suivre dans la défense de l'Eglise, c'est d'être avec elle toujours et en tout.

Un autre devoir à remplir, c'est celui de la concorde et de l'union : cette harmonie est nécessaire, si la presse catholique veut se rendre utile à l'Eglise et à l'extension du règne de Jésus-Christ.

Tout le reste du discours a été consacré à affirmer les droits de l'Eglise sur son Principat civil et à nous confier la mission spéciale d'instruire les peuples sur l'origine, l'histoire, la nécessité et les bienfaits du pouvoir temporel des Papes.

Léon XIII a terminé en nous encourageant dans tous nos travaux et en bénissant tous nos efforts.

C'est une bien pâle analyse de cet important discours, mais je vous en enverrai la traduction dès que je pourrai l'avoir et vous serez ainsi en mesure d'offrir à vos lecteurs le dédommagement dont ils auront besoin.

Immédiatement après, le Saint-Père a admis particulièrement en sa présence tous ceux d'entre nous, et le nombre en était considérable, qui avaient des dons à lui offrir. J'ai été du nombre de ces privilégiés et j'ai pu ainsi avoir la faveur d'approcher de plus près du Saint-Père.

Je lui ai offert notre magnifique album qui renfermait l'adresse du comité de direction de la *Gazette de Nimes* et les adhésions à cette adresse des rédactions de l'*Echo du Vatican* et du *Bulletin de l'Archiconfrérie de Notre-Dame du Suffrage*. Sur cet album j'avais placé les 3 volumes richement reliés de la double collection de l'*Echo* et du *Bulletin*, ainsi que la modeste aumône qui représentait l'offrande de ces trois journaux ; elle s'élevait au chiffre de quinze cents francs en or (1). Je portais aussi un exemplaire de luxe de notre numéro enluminé du 20 février.

En faisant ces dons au Saint-Père, j'ai eu la consolation de baiser deux fois sa main et son pied, de converser un instant avec lui, de lui demander toutes ses bénédictions. Il a daigné me les accorder pour tous les membres des comités de la *Gazette de Nimes*, de l'*Echo du Vatican* et du *Bulletin*, pour tous nos abonnés et pour tous nos amis. Le nom de notre journal a rappelé à Sa Sainteté le souvenir de notre évêque ; Léon XIII m'a demandé si Mgr Besson avait fait un heureux voyage pour retourner dans son diocèse.

Quant au *Bulletin* de Notre-Dame de Suffrage, Sa Sainteté a saisi cette occasion de parler encore une fois de l'œuvre excellente de M. l'abbé Serre qui faisait un si grand bien et qu'il voulait encourager.

Cette conversation n'a duré qu'un instant, mais il ne m'en a pas fallu davantage pour me combler de la plus douce joie et me procurer les plus suaves émotions. Quelques moments auparavant j'entendais la voix du Docteur infaillible qui enseigne le monde, et je voudrais pouvoir vous rendre ce geste expressif qui accompagnait une parole si fortement accentuée. Maintenant j'étais au pied du bon Pasteur, du plus tendre des pères qui accueillait le plus humble de ses enfants ! Ceux-là seuls peuvent comprendre notre joie et nos émotions, qui se sont déjà trouvés dans d'aussi heureuses circonstances.

(1) Cette somme, en or, représente en Italie une augmentation considérable ; elle équivaut à près de 1,700 francs.

Après moi sont passés encore de nombreux donateurs, mais je n'ai pas voulu me retirer sans recevoir une nouvelle bénédiction. Sorti de la salle [du Consistoire, je me suis placé près de la porte des appartements privés du Saint-Père ; je lui ai présenté tous mes objets de piété à bénir ; c'est sur ma tête que sa main s'est levée une dernière fois.

Et maintenant ma tâche est remplie, j'ai vu Pierre, je l'ai entretenu de nos humbles travaux, je lui ai demandé ses bénédictions, je les ai obtenues ; il ne me reste plus qu'à chanter l'hymne d'actions de grâces.

Que Dieu ratifie les bénédictions de son Pontife! Qu'il fasse fructifier nos efforts; qu'il nous donne un nouveau courage pour affronter et soutenir les luttes nouvelles.

F. C...

V

Rome, 23 février 1879.

La journée du 22 février, désormais mémorable dans les annales de la presse catholique, a été dignement couronnée. Nous avons eu, hier soir, la séance extraordinaire solennelle que les Arcades ont tenue « en honneur des représentants des journaux catholiques venus à Rome pour faire acte de filiale vénération à Sa Sainteté le pape Léon XIII glorieusement régnant ». C'est en ces termes que cette fête littéraire et musicale nous avait été annoncée ; je me hâte d'ajouter que l'intérêt et le charme de cette réunion ont répondu amplement à notre attente.

Dans la vaste salle du palais Altemps, brillamment illuminée et décorée, se pressait tout ce que l'aristocratie de Rome compte de distingué par la naissance et par le talent ; les dames romaines s'étaient rendues en grand nombre, les délégués de la presse étaient au complet ; on y remarquait des prélats de tous les degrés, des évêques, enfin cinq cardinaux, leurs Em. les cardinaux di Pietro, Nina, de Luca, d'Avenzo et Giannelli. La séance était présidée par Monsignor Ciccolini, Custode général de l'Académie.

Sur l'estrade du fond était placé le chœur de la Société musicale romaine, formé de 25 voix d'hommes pour les ténors et pour les basses et de 25 voix de dames pour le soprano et le contralto. Le maître directeur était M. Dominique Alari. MM. Boezi et Parisotti tenaient les pianos d'accompagnement.

La séance a été ouverte à huit heures par un prologue en latin de Mgr Ciccolini ; c'était, en quelques mots bien dits, le souhait de bienvenue que nous adressait le savant Custode ; il a donné à sa parole un charme et une délicatesse vraiment remarquables.

A cette allocution a succédé une symphonie de Verdi exécutée avec une perfection qui a valu aux artistes les plus chaleureux applaudissements.

La littérature et la musique se sont ainsi tour-à-tour disputé notre attention. Des poésies ont été lues, sur l'objet de notre réunion, en Arménien et en Flamand, par Mgr l'archevêque d'Acrida et Mgr Van den Branden de Reeth ; en Français, par M. le vicomte Oscar de Poli, en grec et en anglais, en italien et en latin, en hollandais et en polonais, en portugais et en espagnol, en allemand et en hongrois.

Je n'ai pu évidemment juger par moi-même du mérite de toutes ces œuvres, mais par celles que j'ai pu comprendre, je puis, sans crainte de me tromper, déclarer que le plus grand nombre d'entre elles étaient des œuvres de valeur.

Je dois une mention particulière à la poésie de notre compatriote, M. Oscar de Poli ; ses vers étaient d'une excellente facture et les sentiments qu'ils exprimaient avaient tous une rare élévation. Il a provoqué des applaudissements unanimes par l'accent de forte conviction avec lequel il parlait. Il faut citer surtout ce passage ou le poète rappelait la prédiction de Pie IX faite à un jeune enfant sur l'avenir de la Papauté. C'est un morceau de la plus haute poésie. Je regrette vivement de n'avoir pu le retenir ou me le procurer pour pouvoir vous l'envoyer.

La société musicale a été à la hauteur des poètes, si toutefois elle ne les a pas dépassés ; elle a exécuté une *introduction* de Pacini, un *duo* de Gomes, un *trio* de Campana, un quatuor du *Stabat* de Rossini, l'*Aria* de Flotou, un trio de Cimarosa, et enfin un *trio* et un *chœur* de Verdi. Comme vous le voyez, nos dilletanti italiens ne s'attaquent pas à la petite musique ; ce sont des œuvres de maîtres qu'ils interprètent et ils le font d'une façon magistrale. Le quatuor de Rossini a été surtout exécuté d'une manière plus remarquable encore. L'habile directeur a dû être satisfait : les applaudissements n'ont manqué à aucun de ses exécutants et jamais ils ne furent mieux mérités.

Exprimons, en finissant ce compte rendu, toute notre gratitude à l'égard de Mgr Tripepi et de Mgr Ciccolini qui ont fait à la presse un accueil si sympathique et si cordial. Ce pèlerinage restera l'un des plus considérables, soit par l'importance que lui a donnée le discours du Saint-Père, soit par les honneurs dont nous avons été l'objet.

Puisque je reviens sur le discours de Léon XIII, je dois vous répéter encore aujourd'hui qu'il est réellement une œuvre considérable. Au Vatican, on en comprend si bien la haute portée qu'on a attendu jusqu'à demain matin pour le livrer à la presse, afin de pouvoir donner en même temps la traduction italienne. C'est vous dire que je serais bien en peine de vous l'envoyer ce soir ; vous en emprunterez la traduction à l'*Univers* ou à l'*Union* ; vos lecteurs ne manqueront pas de comprendre la valeur de ce document pontifical, désormais notre loi et notre règle.

— A Rome, parmi tous les souvenirs qui s'offrent à notre attention, il en est qui doivent être plus particulièrement chers à notre cœur de Français et de Nimois. En visitant l'église nationale de Saint-Louis, je lisais à chaque pas des inscriptions françaises rappelant l'époque de notre séjour à Rome et de notre victoire sur la Révolution. J'ai remarqué surtout le monument funéraire élevé à la mémoire des soldats français, morts en 1849 sous les murs de la ville ; il a été élevé par les survivants du corps expéditionnaire à leurs compagnons d'armes morts glorieusement pour délivrer Rome ; Pie IX, qui ne laissait jamais échapper une occasion de prouver son amour pour la France, a établi la fondation à perpétuité d'une messe quotidienne pour le repos de leurs âmes.

A côté de ce monument, s'en trouve un second qui nous touche encore de plus près : c'est celui qui est destiné à rendre hommage à notre éminent compatriote, le peintre Xavier Sigalon. Dans un médaillon se trouve placé son buste au bas duquel pend la croix de la Légion d'honneur ; immédiatement après vient cette inscription que je me suis plu à transcrire et que vos lecteurs seront heureux de connaître.

« A la mémoire de Xavier Sigalon, peintre français,

chevalier de la Légion d'honneur, né à Nimes, le XIV septembre MDCCLXXXVII, mort à Rome le XVIII aout MDCCCXXXVII. Il avait, depuis peu, terminé la copie de la fresque sixtine du jugement dernier par Michel Ange, qui décore le palais des Beaux-arts à Paris, lorsque enlevé tout à coup par le fléau du choléra, à ses travaux, à la gloire, à ses amis, qui lui ont élevé ce monument, il couronna par une fin chrétienne, une vie pleine d'honneur et de dévoûment à son art. »

C'est ainsi que Rome chrétienne sait comprendre et récompenser ses artistes; elle leur donne la sépulture dans ses églises, honorant ainsi tout à la fois le talent de l'homme et la patrie dont cet homme est originaire. Soyons fiers de voir cet enfant de Nimes avoir une place de distinction dans une ville où les maîtres seuls sont en honneur. Il est notre gloire ; toute notre ambition doit être de voir surgir des élèves qui marchent sur ses nobles traces.

— Que de choses encore qui se pressent sous ma plume ! Que de remarques intéressantes à vous communiquer ! Il faut se borner : aussi bien le temps me manquerait pour vous dire tout ce qui provoque mon admiration, tout ce qui nourrit mon esprit, tout ce qui attendrit mon âme. On ne peut faire ici un pas sans rencontrer une ruine ou un monument qui vous saisit et qui vous captive.

Hélas ! on ne peut non plus lever les yeux sans être douloureusement impressionné par les marques trop manifestes de l'invasion italienne. Cependant les ruines du paganisme qui sont des témoins pour ainsi dire vivants du triomphe de l'Eglise, sont là pour attester que la conquête de Rome *par l'Italie* ne sera pas éternelle : elles proclament la défaite des Césars ; elles nous promettent celle de la Révolution.

F. C....

VI.

Rome, 25 février 1879.

Depuis hier soir il fait une vraie tempête ; la pluie, la grêle, le vent, tout s'abat sur Rome avec une violence extrême. Ce temps est vraiment une calamité. On annonce partout des sinistres, des éboulements ; des nouvelles qui nous arrivent de Naples signalent de terribles accidents maritimes ; les chemins et les champs sont comme inondés.

En attendant, Rome continue, sans s'inquiéter, son carnaval. La pluie incessante n'empêche pas les divertissements ; on voit partout les masques à profusion; les voitures vont et viennent dans le Corso ; le canon lui-même tonne et *retonne* pour s'associer plus bruyamment à cette fête ; la plupart des magasins sont fermés.

Il serait intéressant, pour faire connaître les mœurs italiennes, de vous décrire ces fêtes carnavalesques qui durent depuis dix jours et auxquelles le gouvernement lui-même prend part. Mais je ne me sens aucun goût pour vous donner de pareils détails, pour vous énumérer tous ces travestissements plus ou moins singuliers dont on rit beaucoup, ces énormes têtes d'âne ou de bœuf, ces faux princes ou ces fausses princesses, ces diables rouges avec leurs cornes, que sais-je encore?

Les Romains s'accoutument de bonne heure à ces amusements; il n'est pas rare de rencontrer un père ou une mère avec son petit enfant de quatre ou cinq ans richement costumé et même masqué. Les loueurs de costumes et de masques pullulent dans chaque rue. Les plus pauvres eux-mêmes vont s'y pourvoir, consacrant à cette folie les économies qu'ils ont mises en réserve dans cette intention.

La police interdit tout déguisement qui pourrait tourner en ridicule un corps constitué ou l'armée. On s'y conforme, mais parfois on se dédommage de cette gêne en promenant dans les rues de Rome le costume des soldats pontificaux. Ces jours-ci, la *Voce della Verità* protestait avec raison contre un de ces scandales et se plaignait de l'impunité de ces travestissements.

Pendant ce temps, les cérémonies des Quarante-heures ont lieu, successivement, dans la plupart des églises : je citerai le Gesu, la Minerve, Sainte-Françoise-Romaine, etc. Il est consolant de voir partout grande affluence de fidèles ; on est édifié de leur recueillement. C'est le vrai peuple romain qu'on rencontre ainsi prosterné aux pieds du Saint-Sacrement ; il prie pour ceux qui se divertissent et qui offensent le Seigneur ; il s'efforce, par sa piété, de faire contrepoids à la malice des impies. Que Dieu reçoive favorablement ces sincères expiations !

— Dimanche, j'ai visité l'église de Saint-Pierre-èsliens. Elle n'offre rien de très remarquable comme architecture : c'est une église à trois nefs, ainsi que presque toutes les églises de Rome, assez riche en ornements. Ce qui a fixé mon attention d'une manière particulière, c'est la Confession toute récente dont elle a été dotée. Encore là une œuvre de Pie IX captif, et celle-ci la dernière : elle a été terminée en 1877.

Ne trouvez-vous pas touchant de voir le Saint Pontife consacrant la dernière année de sa vie à élever un monument à la gloire des chaînes de Saint Pierre ! L'autel de cette confession, comme il est d'usage, est placé contre le mur du fond qui fait face à l'entrée, mais au-dessus se trouve, au lieu d'un tableau, une belle porte sculptée, en bronze, derrière laquelle est placé le magnifique reliquaire vitré qui contient le précieux trésor. J'ai été assez heureux pour pouvoir contempler un instant ces saintes chaînes et les vénérer.

Mémorables liens qui ont été et qui seront toujours le gage assuré et le témoin immortel de la victoire de la Papauté sur tous ses persécuteurs ! A droite et à gauche de l'autel se dressent les statues de saint Pierre qui a les mains libres, et de l'ange libérateur qui montre les chaînes brisées. Cette conception est bien de Pie IX : on y retrouve sa confiance inaltérable en la Providence et son espérance dans le triomphe de la Papauté.

Dans la nef à droite de cette même église, on voit le tombeau du pape Jules II, remarquable par le chef-d'œuvre de Michel Ange : la statue colossale de Moïse. On dit que, contemplant son œuvre achevée, l'illustre sculpteur ravi de son travail et comme hors de lui-même, frappa de son marteau le genou de sa statue en disant : « Parle donc. » Il lui semblait qu'à ce Moïse si vivant il ne manquait plus que la parole.

Ce cri, il est vrai, est l'aveu du génie qui se déclare impuissant à donner l'être, mais c'est aussi le cri d'une admiration légitime. En vérité, cette statue provoque chez tous ceux qui la contemplent le même sentiment ; il est impossible de n'être pas saisi à la vue de ce visage où se peint si visiblement l'indignation ; l'attitude, le geste, les yeux, le front, les mains, tout, en un mot, porte le cachet du génie. Tel devait être le chef du peuple hébreu descendant du Sinaï, et l'on regrette, avec Michel Ange, qu'il lui manque la parole !

— En venant de ce pèlerinage aux chaînes de Saint-Pierre, je passais par la prison Mamertine où le prince des apôtres séjourna avec saint Paul de si longs mois. Quelle captivité ! On montre l'ouverture du milieu de la voûte par laquelle fut descendu Pierre dans cette sorte de caverne ; puis on vous conduit dans un antre plus profond où saint Pierre fut encore descendu par le milieu de la voûte ; c'est dans ce second réduit que périrent de faim les complices de Catilina et Jugurtha. Mais c'est là aussi qu'on voit jaillir l'eau miraculeuse qui servit à saint Pierre pour baptiser ses deux gardiens ! Quelle consolation dans ce contraste ! Quand jamais dut-il paraître plus certain à César qu'il en avait fini avec la Papauté ? Cependant en cet endroit même se trouve un témoin de la victoire de l'Eglise. Espérons donc : la papauté est une institution divine ; elle peut passer par des épreuves ; le triomphe lui appartient toujours.

— Je faisais ces mêmes réflexions en visitant les lieux où saint Pierre a été crucifié. La rue qui y conduit s'appelle aujourd'hui *Via Garibaldi* ; elle est une des plus belles de Rome. Ce nom lui est bien mis ; c'est par les œuvres d'hommes tels que le fameux *condottiere* que saint Pierre fut conduit à la mort; la voie des Garibaldi a été, de tous les temps, le chemin des épreuves pour la Papauté. Mais voici qu'au-dessus coule une eau abondante qui porte sur cette colline la fraîcheur et la fécondité. Cette eau et ces délicieux parterres qui entourent l'église de Saint-Pierre in Montorio ne sont-ils pas l'image de la fécondité de l'Eglise, de cette vie qui est d'autant plus abondante qu'on répand avec plus de profusion le sang de ses enfants?

— Je renonce à vous parler de tant d'autres souvenirs dont Rome est peuplée, Laissez-moi cependant vous nommer l'Eglise de Saint-André delle Fratte, où l'on vénère l'image miraculeuse de la Vierge qui fut l'occasion de la conversion éclatante de M. de Ratisbonne, et Sainte-Marie du Mont qui possède le corps du Bienheureux Joseph Benoit Labre et une autre image de la Vierge. (Presque chaque église de Rome a une de ces Madones, objet d'une dévotion particulière; il n'est pas jusqu'à plusieurs angles de grandes rues où l'on n'en trouve quelqu'une devant laquelle brûle une lampe et qui ne procure à ceux qui s'agenouillent un instant pour la vénérer la faveur d'indulgences spéciales).

Je veux aussi vous nommer l'église de Sainte-Praxède, si riche en reliques insignes parmi lesquelles trois épines de la sainte Couronne, un gros morceau de la colonne de la Flagellation, les corps de sainte Praxède et autres vierges. Dans la nef de gauche, en entrant, se trouve la petite mais belle chapelle dédiée à saint Charles Borromée. Les fresques qui décorent les murs représentent la vie du saint pontife, mais, ce qui vaut mieux, on y rencontre, dans un reliquaire, un siège en bois dont se servait l'évêque de Milan : c'est un simple petit pliant. De l'autre côté de la chapelle est encadré dans le mur le dessus même de la table sur laquelle le saint Pontife donnait à manger aux pauvres.

— Hier, dans l'après-midi, les conférences de Saint-Vincent-de-Paul de Rome ont tenu une séance plénière à laquelle étaient invités tous les membres étrangers des conférences ; Mgr Mermillod présidait.

— Je suis à la veille de mon départ ; si j'en ai le loisir, peut-être vous écrirai-je une dernière lettre.

F. C...

VII.

Rome, 26 février 1879.

Cette lettre vous arrivera presque en même temps que moi, mais j'ai quelques instants encore à passer à Rome et je veux vous dire la dernière faveur dont je viens d'être honoré. Je sors du Vatican : à midi et demi, j'étais de nouveau aux pieds du Saint-Père qui m'accueillait avec la plus grande bonté. Sa Sainteté m'a encore parlé de Nimes, de notre Evêque; elle m'a interrogé sur notre journal, sur l'*Echo du Vatican*, et après toutes mes réponses, Elle a daigné terminer par ces paroles si consolantes, dites avec la plus suave expression de bonté et de tendresse : « Eh bien ! Je vous encourage et je vous bénis. » J'ai remercié avec effusion le Saint-Père, j'ai baisé une seconde fois sa main ; je me suis incliné sous sa bénédiction et je me suis retiré plein des plus douces et des plus ineffables émotions.

Je ne m'attendais pas à cette faveur d'une audience

particulière. Je commençais hier soir, vers dix heures, à faire mes préparatifs de retour, quand on vint me remettre de la part du maître de la Chambre pontificale l'avis officiel que Sa Sainteté daignait m'admettre, pour aujourd'hui, midi, à l'honneur d'une audience particulière. Je bénis la Providence de cette grâce inattendue et je vous ai dit tout à l'heure comment elle m'avait procuré le plus grand bonheur.

Léon XIII, dans ses audiences privées, paraît sans tout l'apparat qui accompagne les audiences solennelles ; il n'attend pas que ses enfants aillent à lui ; il vient auprès de chacun d'eux ; il les interroge, il converse, il bénit, il encourage : c'est le père, avec toute sa tendresse, avec tout son cœur. J'ai pu prendre sa main, la baiser à plusieurs reprises avec amour : Lui, il souriait à ces démonstrations de ma piété filiale; il se prêtait à ces tendres familiarités. Je n'oublierai jamais cette dernière consolation. Léon XIII a hérité de toute la bonté de son saint prédécesseur. C'est la un privilège de la Papauté d'être paternelle; elle représente Dieu sur la terre et Dieu n'est-il pas ce Père que nous prions toujours et qui est le chef de la grande famille de l'univers !

Les audiences particulières sont très nombreuses. Il fallu ces jours-ci déroger aux usages et multiplier les jours de réception. Hier, Léon XIII donnait audience aux prédicateurs des diverses paroisses de Rome, accompagnés de leurs curés respectifs. Mgr Mermillod qui prêche le carême à Saint-Louis des Français, a eu l'honneur d'être choisi pour lire, en présence du Pontife, la profession de foi accoutumée. L'audience s'est terminée par quelques conseils de Léon XIII aux nombreux missionnaires qui vont évangéliser Rome pendant cette quarantaine.

Avant-hier, encore audience, celle-là aussi très nombreuse : une foule de prêtres et de personnes de distinction de Rome et de l'étranger ont eu l'honneur d'y prendre part.

Ainsi l'affluence est considérable vers le Vatican, et la sentinelle italienne qui fait la police aux abords de Saint-Pierre, doit édifier sur ce point le ministère italien et le monarque qui habite le Quirinal. Je ne vous ai jamais rien dit de Humbert Ier, roi d'Italie ; c'est que je n'ai jamais eu l'occasion de penser à lui. Le pauvre captif du Vatican, à lui seul, remplit Rome ; s'il quittait la Ville, Rome serait déserte ; elle ne serait plus Rome. Personne ne s'occupe d'aller solliciter une audience au Quirinal ; le Vatican est assailli ; on a peine à accueillir les innombrables demandes ; on est obligé de multiplier les jours d'audience. Quel contraste et quel enseignement !

A Rome, tout parle de la Papauté, de son passé, de ses victoires, même de son avenir ; les inscriptions racontent partout le travail incessant des Papes ; la tiare et la croix surmontent tous les monuments, même les vieux débris du Paganisme. *Stat crux*, la croix est debout sur la coupole de Saint-Pierre, sur le monolyte de la vaste place qui précède la basilique, sur la colonne Trajanne, sur le lieu de supplice des Saints Apôtres, partout en un mot. C'est la marque de la prise de possession de Rome par la Papauté et par l'Eglise.

Ce témoignage des monuments a une éloquence à la force de laquelle aucun esprit ne peut résister. Il prouve la défaite du monde païen et la victoire de ce monde nouveau que l'Eglise enfantait à la lumière de la vérité ; il constate que l'Eglise a fait de Rome chrétienne la vraie capitale de l'univers entier, le centre où tout converge, le foyer d'où tout rayonne.

Eh ! que vient faire maintenant à côté de ces grands souvenirs, cette puissance moderne qui s'installe en souveraine à Rome ? Que signifient ces blasons sur tous ces couvents dont on a expulsé les religieux ? Que pensent-ils faire, les ardents amis de l'Italie, quand ils entrent en lutte avec une force comme celle de l'Eglise ?

Et ces trois ou quatre temples mesquins du protestantisme qui ont pu s'élever à côté de nos antiques églises, quelle disgracieuse figure font-ils dans cette Rome qui n'a vécu et qui ne vit que par le catholicisme ? Hélas ! les fils de Luther et de Calvin écrivent en vain sur la porte de leurs édifices : Il est permis à tout le monde d'entrer. Personne n'entre : on ne comprend même pas une invitation de ce genre. En réalité elle ne sert qu'à confondre la témérité des sectaires. Ces mots : Entrée libre, se trouvent sur la porte des temples de l'industrie moderne, je devrais dire le mot : sur le frontispice des bazars. S'ils sont écrits sur la porte d'un édifice soi-disant religieux, c'est que personne ne doit entrer et que le temple doit être désert.

Le peuple romain fuit ces sortes d'église, où on l'invite à entrer ; il s'en méfie sagement et il va d'instinct dans ces églises où il entre sans avoir besoin d'être invité, parce qu'il entre chez lui, dans la maison de son père.

Ainsi dans Rome, il y a trois Romes ! la Rome du Paganisme intéressante par ses souvenirs, par son histoire ; c'est la Rome des persécutions, mais c'est aussi la Rome vaincue.

Il y a la Rome du Catholicisme : celle de la conquête pacifique, celle de la force morale, celle du triomphe par la vérité et par la sainteté ; elle domine la Rome des Césars ; elle a empreint partout le caractère de sa victoire.

Il y a enfin la Rome de l'Italie nouvelle : elle apparaît par ses récentes spoliations, par les noms nouveaux de ses rues, par les maisons qu'elle fait construire à l'avenue de la gare, par ses armoiries, par ses soldats. Elle se prétend la Rome de l'avenir. Hélas ! quand on la compare à la Rome des Césars qui est celle du passé, un seul sentiment s'empare de vous, c'est celui de la pitié. Que sont ces chétifs monuments de la moderne Italie auprès de ces gigantesques débris de la puissance romaine, et que deviendront-ils demain quand on se rappelle le sort du Colisée, du Forum romain et du Palatin ! La Rome du passé était bien autrement puissante : elle a été vaincue. Que la Rome qui se dit celle de l'avenir s'instruise et qu'elle ne se fasse pas illusion ; pour l'Eglise ce ne sera pas même un combat. Quand elle a triomphé d'un colosse, pourquoi s'inquiéterait-elle d'un pygmée ?

Elle est la première à prêcher le respect pour ses spoliateurs, l'obéissance aux lois du pays. Comme nous le disait le Saint Père samedi, l'Eglise n'excite pas les passions, elle les apaise ; elle ne soulève pas les tempêtes populaires, elle les calme. Mais la victoire de l'Eglise sera l'œuvre même de Dieu ; elle l'attend avec confiance et elle ne sera pas trompée dans son espoir. Laissons l'Italie régner à Rome ; un jour viendra où la Papauté reprendra tout ce qui lui appartient. Plusieurs fois déjà elle a reconquis Rome qu'elle avait perdue : encore cette fois elle sera victorieuse. C'est écrit de la main des siècles sur la colonne de Saint-Pierre : CHRISTUS VINCIT, CHRISTUS REGNAT, CHRISTUS IMPERAT.

F. C...

VIII.

LA MISSION DE LA PRESSE CATHOLIQUE.

L'impression produite par le discours du 22 février se prolonge et grandit de jour en jour. La parole du Souverain-Pontife a retenti dans le monde entier et a provoqué partout, d'une part, les mêmes émotions de joie, d'autre part, les mêmes colères et les mêmes outrages. Il fallait s'y attendre.

Les catholiques devaient être heureux de recevoir d'une si haute autorité les plus honorables encouragements et d'entendre proclamer d'un ton si haut et si ferme la nécessité du Principat civil du Saint-Siège : cette même déclaration solennelle des droits temporels de l'Eglise et tant de bienveillance pour la presse religieuse devaient surprendre, attérer ce journalisme impie que, du même coup, la parole du Pontife condamnait et flétrissait si catégoriquement.

Faut-il le dire ? Il était aussi une certaine catégorie de catholiques libéraux se disant modérés, qui, se distinguant par une antipathie très prononcée contre notre presse religieuse, nous blâmaient de notre ardeur à défendre l'Eglise, à réclamer la reconnaissance de tous ses droits, et ne redoutaient rien moins, de notre part, que la compromission de l'Eglise elle-même.

Léon XIII les désigne assez clairement quand il parle de ces hommes « qui se comptent comme catholiques.... qui ont la prétention de trancher à leur guise des questions publiquement controversées... et *qui semblent opiner différemment que ne l'exigent la dignité et la liberté du Pontife romain.* » Les voilà bien avertis sur la fausse route qu'ils suivent, et quant à leur antipathie pour la presse « ultramontaine » tout le discours est là qui la condamne.

La presse catholique revêt aux yeux du Souverain Pontife une importance capitale : c'est Lui qui a voulu cette imposante réunion du 22 février ; Lui qui a tenu à donner à cette audience la plus grande solennité possible; Lui qui a proclamé « la nécessité » de la presse quotidienne, qui a daigné tracer aux journalistes catholiques les règles à suivre pour l'accomplissement de leur tâche difficile, qui a loué leur talent et leur dévouement et qui enfin leur a indiqué le rôle spécial qu'ils avaient à remplir : celui de défendre le pouvoir temporel du Saint-Siège.

Voilà donc la presse catholique élevée par le Pape lui-même à la hauteur d'une institution religieuse. Voilà la presse vengée de tous les dédains et dédommagée de tous les outrages. Désormais on ne peut plus contester son importance ; aucun catholique vraiment digne de ce nom ne peut se montrer même indifférent à l'égard de ce journalisme aujourd'hui si nécessaire, ni se dispenser de lui témoigner ses sympathies et même son dévouement. Il faut choisir: d'un côté la presse impie qui «gâte les esprits, flatte les sens, corrompt les cœurs, et qui est la cause « de la plénitude des maux et du déplorable état de choses où nous sommes arrivés »; de l'autre côté la presse catholique qui travaille « au salut de la société et à la défense de l'Eglise », qui peut rivaliser avec la presse adverse « pour la variété et l'élégance du langage » et qui peut la surpasser « par la somme des connaissances utiles et surtout par la vérité. »

Quiconque reconnaît au Pontife suprême le droit d'émettre son avis sur cette question et le privilège d'être écouté, ne peut plus hésiter un seul instant : il doit à la presse catholique, comme nous l'avons dit, tout son dévouement.

Il est vrai que, pour sa part, elle a des devoirs à remplir. Après avoir reconnu et exalté ses services, Léon XIII lui dicte des règles : les écrivains catholiques doivent se distinguer par une manière d'écrire grave et tempérée qui n'offense pas les lecteurs par l'exagération ou une âpreté intempestive; ils doivent éviter parmi eux les dissensions et enfin prêter un sincère et ferme acquiescement aux doctrines de l'Eglise; gravité dans le langage, modération à l'égard des personnes, union entre frères, obéissance à l'Eglise: tels sont leurs devoirs.

Les applaudissements qui accueillirent ces paroles du Pontife durent lui prouver aussitôt combien nous étions prêts à suivre ses conseils. Aucun de nous n'hésitera à répondre à cette effusion du cœur paternel de Léon XIII; aucun n'oubliera jamais ces règles si sages tracées par une intellignce si sûre avec la plus incontestable autorité.

Plus convaincus désormais de l'importance de notre tâche, nous nous efforcerons, par un travail incessant, de nous montrer de plus en plus dignes de la remplir ; nous n'épargnerons aucun sacrifice pour lutter avec avantage par la sûreté et la précocité de nos informations contre la presse antireligieuse et antisociale ; nous ne reculerons devant aucune fatigue pour surpasser nos rivaux par les connaissances utiles et surtout par l'exposition et la défense de la vérité.

On n'a eu certes jamais l'occasion de nous reprocher de l'acrimonie contre les personnes : nous serons encore à l'avenir, s'il se peut, plus vigilants sur ce point, car ce n'est pas la personne que nous avons à considérer, ce sont les doctrines.

Oui, si nous devons être indulgents pour nos adversaires eux-mêmes, notre devoir est aussi d'être sévères, inflexibles contre leurs doctrines pestilentielles ; d'être inébranlablement attachés aux doctrines de l'Eglise et du Saint-Siège, de les soutenir et de les défendre.

Nous devrons en particulier tourner toute notre énergie vers la défense du Principat civil du Saint-Siège : c'est la cause spéciale que le Pontife confie à notre zèle.

Les doctrines surnaturelles de l'Eglise ont pour défenseurs autorisés le Saint-Siège et l'épiscopat : c'est le dépôt sacré de la foi confié aux mains de l'Eglise enseignante. Ici la presse catholique ne peut intervenir que très indirectement, comme simple auxiliaire pour favoriser la propagation de l'enseignement des vérités catholiques, ou pour répondre aux sarcasmes et aux blasphèmes de la presse impie, ou pour faire contrepoids à l'influence des mauvaises doctrines.

En ce qui touche le pouvoir temporel de la Papauté, il

semble que la presse catholique peut avoir à remplir une mission directe ; elle est ici sur son propre terrain ; puissance humaine, elle peut traiter de ce qui est temporel et c'est pourquoi le Pontife nous a fait entendre ces paroles qui sont comme une sorte d'investiture :« Très chers fils, ne cessez pas de combattre pour la souveraineté temporelle nécessaire au libre exercice du pouvoir spirituel. »

Poursuivant cette pensée, Léon XIII nous trace le programme à suivre dans cette mission qu'il daigne nous confier : *la* presse catholique doit instruire les peuples sur l'origine du pouvoir temporel, sur son histoire, sur sa nécessité, sur ses bienfaits à l'égard des nations, en particulier à l'égard de l'Italie.

La défense du pouvoir temporel : voilà notre mission. Et en même temps le pontife nous donne l'exemple. Il se met à notre tête ; il nous montre de la main la route à suivre. Nous eussions voulu que le monde entier pût entendre cette parole vibrante ; nous eussions voulu qu'il pût voir cette main qui semblait s'étendre et se prolonger sur nos têtes, ce frémissement qui ébranlait toute son auguste personne et jusqu'au trône du haut duquel il parlait.

Quelle éloquence! Quelle force ! Quelle énergie ! Ah ! qu'on ne dise plus désormais que Léon XIII ne pense pas sur le principat civil tout à fait comme son auguste prédécesseur. Jamais Pie IX ne s'est exprimé à ce sujet avec plus d'autorité ni avec plus de précision. Léon XIII l'a dit aux applaudissements de tout son immense auditoire : « Nous ne négligerons jamais d'affirmer et de revendiquer ces mêmes droits. »

Fidèles à notre sublime mission, ô grand Pontife, nous vous suivrons pas à pas dans cette revendication si légitime des droits temporels du Saint-Siège. Dignes fils d'un tel Père, nous ne négligerons rien pour instruire les peuples sur la nature de votre Principat civil, pour dissiper tous les préjugés, pour réfuter toutes les calomnies, pour répondre à toutes les attaques, pour rappeler son histoire, sa nécessité, ses bienfaits. La part que vous nous faites est grande ; vos bénédictions seconderont notre bonne volonté et nous aideront à remplir notre tâche.

Nous l'accomplirons en nous montrant fidèles aux conseils que vous nous avez donnés. Humbles soldats de la grande armée catholique, nous obéirons à tous les ordres de notre chef suprême ; nous servirons sa cause comme il veut que nous la servions.

Mais en même temps nous comptons sur la concorde, sur l'union de tous les catholiques pour nous aider et nous encourager. Demandez au Ciel que la bonne presse rencontre partout les sympathies et le concours dont elle a besoin ; seule, elle ne pourra rien ; secondée, elle pourra tout.

Bénissez-nous encore, saint Pontife. Nous voici inclinés sous votre main paternelle. Dès aujourd'hui, nous nous mettons à l'œuvre ; notre nouvelle croisade va s'ouvrir ; c'est l'heure de voler au combat sous le regard du Vicaire de Jésus-Christ et en poussant le cri de nos pères : Pour le Pape et pour l'Eglise ! Dieu le veut ! F. C....

APPENDICE

ADRESSE

lue à N. T. Saint-Père le Pape Léon XIII au nom de tous les représentants de la presse catholique

Le 22 février, le Saint-Père recevant en audience solennelle les représentants de la presse catholique, Mgr Tripepi au nom de tous, a lu une Adresse, en langue latine, dont voici la traduction :

Très-Saint-Père,

Au moment si heureux où vous accomplissez la première année de votre saint Pontificat, c'est notre devoir, humbles écrivains des journaux catholiques venus des différentes régions de l'univers, de nous prosterner à Vos pieds. C'est en effet ce que demandait aux hommes les plus dévoués à la Majesté pontificale l'ardeur avec laquelle nous Vous révérons en Vous félicitant, Vous qui par le décret divin , siégez sur le trône de Pierre ; nous satisfaisons notre ardent désir de contempler le meilleur des Pères et d'entendre le Maître infaillible, nous recherchons la lumière qui resplendit du haut du Vatican et qui nous est nécessaire, et nous adressons de ferventes prières au Dieu éternel, afin qu'il Vous conserve longtemps et paisiblement, sain et sauf, sur cet auguste Siège, à la défense des intérêts chrétiens, au salut de la société civile elle-même, à l'amour et aux vœux de tous les peuples. Honorés et comblés de faveurs par Vous, qui portez le nom de Léon-le-Grand et de Léon X et en retracez la sagesse, nous ne pouvions pas ne pas attester nos sentiments de reconnaissance envers Vous par des témoignages publics de joie.

Vous, en effet, qui, comme écrivain, brillez au suprême degré par la beauté de la doctrine, protecteur et défenseur des études, Vous n'avez pas dédaigné de couvrir de Votre affection et de Votre bonté les écrivains qui, selon la faiblesse de leurs forces, ont entrepris de défendre la religion par la presse.

Il ne pourrait arriver, en aucune manière, que tandis que, simples soldats de l'Eglise, nous faisons nos efforts pour exciter parmi les nations dispersées sur la terre la plus profonde soumission envers la Chaire apostolique, nous nous laissions cependant surpasser par les autres en respect envers Vous et envers le pouvoir de Vicaire de Jésus-Christ. Jamais nous ne croirions satisfaire à la charge qui nous incombe par le seul office des journaux, si nous ne montrions, surtout par l'exemple, aux détracteurs mêmes de la foi, que la concorde et une étroite union règnent entre les écrivains catholiques, parce qu'ils y sont tenus par leur suprême vénération envers Celui à qui ont été données les clefs du royaume des cieux, et à qui le Christ a confié à toujours les paroles de la vie éternelle.

Cela étant, ceux que vous daignez admettre à Vos pieds, et d'autres que les grandes distances et la vaste étendue des mers empêchent de jouir de Votre présence, nous tous, tant que nous sommes, représentant des journaux catholiques, nous Vous offrons, ô le plus indulgent des Pères, un hommage que nous sommes impuissants à exprimer. Envers Vous, Chef suprême de l'Eglise, nous professons une foi et un dévouement à toute épreuve, et nous attestons que la guerre inique dont on Vous poursuit nous afflige d'une douleur profonde. Au service de Votre autorité de Pontife et de Roi, nous mettons humblement le concours de nos travaux quotidiens dans la presse, qu'elle qu'en soit d'ailleurs la proportion, et c'est à Vous, en qui nous reconnaissons l'origine, le fondement et la sanction de tous les droits et de tous les devoirs, que nous empruntons la règle et l'efficacité de notre ministère.

Nous avons un même désir : Vous suivre comme notre chef, là où Vous ferez signe de marcher ; Vous apporter quelque consolation au milieu de tant d'épreuves qui Vous assaillent. Nous avons un même mot d'ordre : Briser notre plume et donner jusqu'à notre sang et à notre vie plutôt que de nous écarter jamais de Vos commandements. Nous estimons n'avoir point reçu d'autre charge que de défendre constamment les droits du Saint-Siège, de prendre Vos avertissements pour règle et pour loi, et d'unir nos forces et notre application afin de répondre promptement à Vos vœux et à Votre attente. Nous tous qui sommes venus, dans ce second pèlerinage de la presse, visiter le Prince des Apôtres toujours vivant, quoique différents de nation et de langage, nous n'avons qu'un seul cœur et qu'un seul esprit, et la voix de tous fait entendre un seul cri : *Pierre, enseignez-nous*. Nous embrassons et nous recevons comme un lien infrangible de l'esprit ce que Vous enseignez dans Vos lettres encycliques et dans les autres documents émanés de Votre sagesse ; nous repoussons les erreurs que Vous condamnez, et en première ligne celles qui s'appellent d'un nom presque barbare : naturalisme, libéralisme et socialisme ; nous nous efforçons d'éviter les embûches ennemies que Vous dévoilez ; à toutes les œuvres où Vous nous pousserez, nous volerons sans retard et nous ne cesserons de proclamer que, en dehors de Vous, il n'y a point de salut.

Les devoirs qui nous incombent sont, il est vrai, nombreux et remplis de beaucoup de difficultés ; nous sommes souvent exposés aux injures et à la fureur des méchants qui poursuivent de leur haine la lumière du Christ ; Vous, Très-Saint-Père, qui, du haut du trône le plus élevé, comme la sentinelle du Seigneur, embrassez d'un seul coup-d'œil tous les événements de la terre, Vous savez parfaitement quelle guerre acharnée on nous fait et à l'aide de quelles menaces et de quelles flatteries, et de combien d'obstacles est embarrassée notre route. Mais sans nous laisser nullement abattre, s'il nous arrive de souffrir quelque chose pour le nom de Jésus ou pour les droits du Pontife romain, nous en éprouvons plutôt une joie infinie.

Quoique le spectacle du lamentable état des choses frappe nos yeux, nous attachons cependant nos regards et notre pensée sur Votre étoile, lumière assurée qui descend du ciel dans l'horreur de la tempête, et nous nous efforçons de combattre avec plus d'ardeur les détracteurs de la religion, de Vous imiter dans la mesure de notre faiblesse Vous qui ne savez point reculer, et d'accomplir avec joie, sous Vos auspices, au sein même des tribulations, nos devoirs d'écrivains catholiques.

Vivez donc, vivez longtemps, Très-Saint-Père ; puissions-nous prolonger Vos années au prix des nôtres, afin que Vous égaliez et même que Vous dépassiez les années de Pie IX, Votre invincible prédécesseur.

Vous qui êtes la gloire universelle et le soutien du monde chancelant, recevez fréquemment de nouveaux témoignages de notre amour, jusqu'à ce que, restaurateur de la félicité publique et d'un siècle meilleur, Vous puissiez Vous réjouir du triomphe complet de la religion et voir enfin les flots apaisés et la barque de Pierre rentrée au port en sûreté. — En attendant, en qualité de Chef suprême, passez en revue Vos soldats de la plume, qui se présentent devant le plus indulgent des Maîtres et s'en font pour ainsi dire connaître ; ne dédaignez pas de recevoir avec un bon accueil cette nouvelle milice, agréez les faibles dons qu'elle Vous offre et daignez les apprécier plutôt d'après l'intention de ceux qui les présentent que sur leur propre valeur.

Cependant, tandis que nous adressons au Dieu très bon et très grand des actions de grâces particulières et très vives sur ce que, élevé au faîte de la dignité apostolique, Vous

commencez heureusement la seconde année de Votre pontificat; avant de nous séparer pour retourner chacun dans notre patrie soutenir le combat pour Vos droits, il nous reste, Très Saint-Père, à solliciter de Votre grande bonté, pour que nos efforts ne soient pas entièrement vains, un gage de Votre bienveillance paternelle, un présage de la grâce divine, la bénédiction apostolique, que nous demandons instamment pour tous les rédacteurs des journaux catholiques, afin qu'elle porte bonheur à notre œuvre, qu'elle augmente notre courage, qu'elle soutienne nos labeurs et qu'elle hâte heureusement le moment où la victoire désirée couronnera nos combats pour la vérité.

DISCOURS

Prononcé par Sa Sainteté, dans l'audience du 22, en réponse à l'adresse des journaux catholiques :

Nous sommes pénétré d'une bien grande joie et d'une douce allégresse de cœur en vous voyant ici, très chers fils, venus en si grand nombre de toutes les contrées de la terre, d'après le vœu et le désir d'un homme éminent, prélat de Notre maison, pour attester publiquement, en votre nom et au nom des rédacteurs de tous les journaux catholiques, à l'inauguration de la seconde année de Notre pontificat, la fidélité et l'amour que vous nou-

Ingenti sane lætitia suavique animi jucunditate hodie perfundimur ex conspectu frequentiaque vestra, filii dilectissimi, qui egregii viri, domus Nostræ Antistitis, votis et desideriis obsequentes, ex omnibus terræ plagis huc convenistis, ut vestro et omnium catholicarum ephemeridum scriptorum nomine, fidem et amorem, quem animo fovetis, Nobis secundum Pon-

rissez dans l'âme pour Nous. Car, ainsi que vous venez de l'attester solennellement par vos paroles et vos actes, la pleine soumission de vos cœurs et votre entière déférence envers la Chaire de Pierre, votre zèle ardent pour la religion, et le généreux courage avec lequel vous avez entrepris de défendre les droits de la vérité et de la justice, vous font apparaître à Nos yeux comme une phalange de soldats d'élite, habile dans l'art de la guerre, instruite pour les combats et prête, au commandement, même sur un signe du chef, à voler au milieu des rangs les plus épais de l'ennemi et à donner sa vie.

Et Notre joie est d'autant plus grande, que Nous sentons mieux combien le temps présent a besoin de secours de cette sorte et de tels vaillants défenseurs. Car à peine obtenue cette liberté effrénée (qu'il serait plus vrai d'appeler licence) de publier tout ce qu'on veut, les hommes épris des nouveautés du jour se sont empressés de répandre une multitude presque infinie de journaux

tificatus annum auspicantibus, palam obtestaremini. Plenum siquidem, quod modo solemniter verbis et factis professi estis, animorum obsequium et propensissima in Petri Cathedram voluntas, ardens religionis studium, et generosa virtus, qua veritatis et justitiæ jura tuenda suscepistis, vos Nobis exhibent veluti lectissimam militum aciem, belli peritam, ad pugnandum instructam, et ad ducis imperium ac nutum paratam vel inter confertissimos hostes convolare, vitamque profundere.

Atque eo vel magis lætamur quod hisce auxiliis et strenuis hujus generis defensoribus tempus egere sentimus. Parta enim effreni illa quidquid libuerit in vulgus edendi libertate, quam verius licentiam dixeris, homines novarum rerum studiosi infinitam prope ephemeridum multitudinem statim disseminandam curaverunt, quæ veri rectique principia impugnare aut in dubium adducere, Christi Ecclesiam calumniis impetere et in invidiam vocare, et perniciosissimas doctrinas mentibus persuadere solemne haberent.

ayant pour fonction d'attaquer ou de mettre en doute les principes du vrai et du droit, de combattre l'Eglise par la calomnie, d'exciter contre elle la haine et d'inculper dans les esprits les plus pernicieuses doctrines.

Ils ont bien compris, en effet, l'utilité et l'avantage qu'ils pourraient tirer, pour l'accomplissement de leurs desseins, de la publication de journaux quotidiens qui insinueraient insensiblement et peu à peu dans l'esprit de leurs lecteurs le poison des erreurs et corrompraient les cœurs en excitant les appétits dépravés et en flattant les sens. Et ce résultat a été si bien obtenu au gré de leurs désirs, qu'on pourrait, sans s'écarter beaucoup de la vérité, attribuer en grande partie au fléau de la presse l'abondance de maux et la triste condition des choses et des temps où nous en sommes arrivés.

Aussi, comme aujourd'hui, en raison de l'usage universellement établi, c'est devenu presque une nécessité de publier des journaux, les écrivains catholiques doivent travailler surtout à tourner au bien de la société civile et à la défense de l'Eglise le moyen dont les ennemis se

Mature enim intellexerunt quantum utilitatis et commodi ad inita consilia perficienda capere possent ex quotidiana editione ephemeridum, quæ errorum veneno sensim et paulatim animos legentium inficerent, et pravorum appetituum fomentis sensuumque illecebris corda corrumperent. Hæc autem omnia adeo feliciter juxta eorum vota cesserunt, ut a vero non admodum videatur abesse quisquis malorum colluviem et miserrimam, ad quam devenimus, rerum temporumque conditionem in ephemeridum vitium magna ex parte refundat.

Quapropter cum modo, ex more qui universaliter invaluit, edendarum ephemeridum sit veluti inducta necessitas, catholicis scriptoribus in id maxime adlaborandum est, ut in civilis societatis medelam et Ecclesiæ præsidium vertant, quod in utriusque perniciem ab hostibus usurpatur.

sont emparés pour la perte de l'une et de l'autre. Car, bien que les écrivains catholiques ne puissent se servir de ces procédés et de ces appâts dont usent souvent leurs adversaires, ils peuvent du moins les égaler facilement par la variété et l'élégance du style, par la sûreté et la promptitude des informations, et même les surpasser par la science des choses utiles, surtout par la vérité que l'esprit désire naturellement connaître et dont la force, la supériorité et la beauté sont telles que, dès qu'elle apparaît à l'esprit, elle arrache sans peine l'assentiment même de ceux qui lui sont contraires. Pour atteindre cette fin désirable, il convient d'user d'un genre de langage digne et mesuré, qui ne blesse pas l'esprit des lecteurs par une amertume excessive ou intempestive de paroles et ne servent pas les intérêts de parti ou des avantages particuliers de préférence au bien général. Nous pensons que vous devez vous appliquer par dessus tout, selon l'avertissement de l'Apôtre, « à dire tous de même et à n'avoir point de schismes parmi vous ; à vous tenir parfaitement

Quamvis enim catholici scriptores iis artibus et lenociis uti non possint, quibus adversarii frequenter utuntur, eos tamen facile possunt æquare scribendi varietate ac elegantia et diligenti recentiorum factorum narratione, imo et vincere utilium rerum notitia, maxime autem veritate, quam animus naturaliter appetit et cujus tanta est vis, præstantia et pulchritudo, ut cum menti apparuerit, facile vel ab invito assensum extorqueat. — Ad optatum autem exitum plurimum conferet gravis et temperans dicendi ratio, quæ nimirum neque nimia aut intempestiva sermonis acerbitate legentium animos offendat, neque partium studio aut privatorum commodis, communi bono posthabito, desserviat. Illud autem præ ceteris curandum vobis esse intelligimus, ut, sicut Apostolus monet *idipsum dicatis omnes et non sint in vobis schismata, sitis autem perfecti in eodem sensu et in eadem sententia*, catholicæ Ecclesiæ doctrinis et placitis firmo animorum assensu adhærentes.

dans le même sentiment et le même esprit, » adhérant avec un ferme assentiment de vos cœurs aux doctrines et aux décisions de l'Eglise catholique.

La nécessité de cette concorde apparaît d'autant plus grande que parmi les hommes mêmes qui sont dans les rangs des catholiques, il n'en manque pas qui, entreprenant de trancher et de définir selon leur propre jugement des controverses publiques de la plus grande importance, relatives à la condition même du Siége catholique, paraissent professer des sentiments contraires à la dignité et à la liberté du Souverain Pontife. C'est pourquoi, afin de ne laisser aucune occasion d'erreur, il importe au plus haut point de rappeler encore à l'esprit des catholiques cette vérité que le pouvoir suprême de l'Eglise, conféré divinement à Pierre et à ses successeurs, afin de maintenir dans la foi toute la famille chrétienne et de la conduire à la béatitude éternelle du royaume céleste, revendique pour s'exercer, de par l'institution divine de Jésus-Christ même, la plus entière liberté. Or, pour le libre exercice de ce pouvoir dans

Hujus autem concordiæ necessitas vel ex eo major apparet, quod inter ipsos viros, qui catholicis accensentur, non desunt modo qui publicas etiam gravissimi momenti controversias, ipsam apostolicæ Sedis conditionem respicientes, proprio arbitrio dirimendas et definiendas assumunt, et aliter sentire videntur, quam Romani Pontificis dignitas et liber tas patiatur. — Interest idcirco quam maxime, ne qua errandi reliquatur occasio, rursus in catholicorum mentem reducere, supremam Ecclesiæ potestatem, quæ Petro ejusque successoribus divinitus collata est, ut universam Christi familiam in fide contineret et ad æternam cœlestis regni beatitudinem adduceret, ex divina ipsius Christi institutione, plenissimam sibi libertatem vindicare; ad hanc autem potestatem libere toto orbe exercendam providissimo Dei consilio factum esse ut, post periculosa primæ ætatis

le monde entier, il faut rappeler encore qu'un dessein très providentiel de Dieu a fait, après les périlleuses épreuves du premier âge, que le principat civil fût adjoint à l'Eglise romaine et lui fût conservé pendant de longs siècles à travers les vicissitudes des choses et les ruines des royaumes.

C'est pour ce motif, assurément très grave, et non comme Nous l'avons dit souvent, par l'ambition de régner ou le désir de dominer, que les Souverains Pontifes, toutes les fois qu'ils ont vu troubler ou violer ce principat civil, ont pensé qu'il était du devoir apostolique de conserver sains et saufs, et de défendre, selon leurs forces, les droits sacrés de l'Eglise romaine. Et Nous, suivant l'exemple de nos prédécesseurs, Nous n'avons jamais négligé et jamais Nous ne négligerons d'affirmer ces mêmes droits et de les revendiquer.

C'est pourquoi, fils très chers, vous qui, très fermement attachés à la Chaire de Pierre, vous montrez absolument prêts à défendre la cause du Siège apostolique, soyez unanimes et actifs à défendre sans cesse par la parole et

discrimina, civilis principatus romanæ Ecclesiæ adjiceretur, eidemque longo sæculorum tractu, inter infinitas rerum vicissitudines regnorumque ruinas conservaretur. — Hac autem ratione, sane gravissima, non regni ambitu, ut sæpius ediximus, non dominandi cupiditate permoti, romani Pontifices, quoties civilem hunc principatum turbari et violari senserunt, apostolici muneris esse putarunt sacra romanæ Ecclesiæ jura sarta tecta servare et pro viribus tueri ; Nosque ipsi prædecessorum nostrorum exempla secuti, hæc eadem jura asserere et vindicare non prætermisimus, nec unquam prætermittemus.

Quapropter vos, filii dilectissimi, qui Petri Cathedræ maxime addicti ad Sedis Apostolicæ causam defendendam paratissimos vos exibetis, unanimes et alacres, voce ac scriptis sacri imperii necessitatem ad libe-

par les écrits, la nécessité de ce pouvoir sacré pour le libre exercice du pouvoir spirituel ; avec l'histoire pour guide, montrez que ce pouvoir a été constitué et a duré sur la foi d'un droit si légitime que personne, dans les affaires humaines, ne peut prétendre à un droit plus grand ou même égal.

Mais si quelqu'un, pour exciter contre vous la haine des foules, venait à dire que le principat civil de l'Eglise romaine ne peut s'accorder avec la fortune des Italiens et la prospérité des royaumes, répondez au contraire que ni les Pontifes romains, quand ils sont en possession de leur pouvoir, ni l'Eglise catholique, quand elle jouit de la liberté, ne donnent rien à craindre pour la sauvegarde et le salut des peuples. Ce n'est pas l'Eglise, en effet, qui excite les foules séditieuses, car elle les contient plutôt et les apaise ; ce n'est pas elle qui fomente les rivalités et les haines, car elle les étouffe par la charité ; ce n'est pas elle qui aiguise l'orgueil ou le désir effréné du pouvoir, car elle les tempère plutôt par la sévérité du jugement suprême et l'exem-

rum spiritualis potestatis exercitium propugnare ne desinatis ; atque historia duce ostendite, illud imperium tam legitimo jure fuisse constitutum ac perdurasse, ut aliud in humanis rebus majus vel æquale nemo prætendat.

Si quis autem, ut vobis multorum invidiam conciliet, civilem Ecclesiæ Romanæ principatum cum Italorum fortuna et regnorum prosperitate componi non posse dictitaverit, contra objicite, nihil a Romanis Pontificibus, si imperio potiantur, nihil a catholica Ecclesia, si libertate fruatur, populorum saluti et incolumitati esse timendum. Non enim Ecclesia seditiosas commovet turbas, sed continet potius et componit ; non simultates aut odia fovet, sed caritate restinguit, non imperandi libidinem aut superbiam acuit, sed potius supremi judicii severitate, et cœlestis

ple du Roi céleste ; ce n'est pas elle qui empiète sur les droits de la société civile, car elle les affermit; ce n'est pas elle qui convoite le domaine des royaumes, car, s'acquittant religieusement de la charge du ministère apostolique qui lui a été divinement confiée, elle garde intacts ces principes sur lesquels tout ordre se fonde, et grâce auxquels fleurissent la paix, l'honnêteté et toute civilisation.

Pour ce qui concerne les Italiens, les monuments des âges passés disent bien haut que les pasteurs de l'Eglise romaine ont bien mérité de cette illustre Ville et des affaires italiennes ; en même temps, ils attestent que l'éclat si noble et si grand dont Rome brille lui est venu de la religion catholique. En effet, ainsi que le disait saint Léon le Grand, Rome devenue la tête du monde par le siège sacré de Saint Pierre, règne sur les choses divines par la religion plus amplement que sur les choses terrestres par la domination. Ajoutez, ce que le monde sait, que les Pontifes romains ont toujours apporté les plus grands soins à favoriser le développement des lettres et des sciences ; qu'ils ont toujours pris les beaux-arts sous

regis temperat exemplo ; non civilis societatis jura invadit, sed firmat ; non regnorum dominium affectat, sed Apostolici magisterii munere sibi divinitus demandato religiose perfungens, ea principia integra servat, quibus omnis ordo nititur, et ex quibus pax, honestas et omnis civilis cultus efflorescit.

Ad Italos autem quod attinet, præteritorum temporum monumenta loquuntur Romanæ Ecclesiæ Pastores de alma hac Urbe et de Italorum rebus esse optime meritos ; simulque testantur nobile præcipuumque decus, quo Roma fulget, a catholica religione esse profectum : Roma namque *per sacram B. Petri Sedem Caput orbis effecta*, ut S. Leo M. aiebat, *latius præsidet relligione divina quam dominatione errena.* Addite, quod omnes norunt, Romanos Pontifices litteris ac

leur protection, que leur gouvernement équitable et paternel a toujours fait le bonheur des peuples qui leur étaient soumis. Dites enfin que les affaires publiques en Italie ne pourront ni prospérer ni jouir d'une longue tranquillité si l'on ne satisfait, selon que tous les droits le réclament, à la dignité du Siége romain et à la liberté du Souverain-Pontife.

Ces choses et d'autres semblables, par lesquelles on travaille pour l'avenir au bien de la société religieuse et civile, ayez à cœur de les répandre dans le public par vos journaux et de les fortifier par le secours des arguments ; que chez vous tous il y ait un amour, un même esprit, à savoir, la défense de la cause de l'Eglise et le combat pour les droits du Pontificat romain. Luttant pour la justice, pour la religion et pour la liberté de l'Eglise, vous devez vous attendre à une ample moisson d'épreuves et de travaux, et vous aurez à souffrir des difficultés en grand nombre. Prenez garde de perdre courage, car il appartient aux chrétiens de faire et de souffrir de gran-

scientiis fovendis maximas curas semper impendisse; bonas artes in suam recepisse tutelam; æquo paternoque imperio subjectos sibi populos fortuuasse. — Dicite tandem publicas Italiæ res, neque prosperitate florere, neque diuturna tranquillitate posse consistere, nisi Romanæ Sedis dignitati et Summ Pontificis libertati, prout omnia jura postulant, fuerit consultum.

Hæc atque his similia quibus religiosæ et civilis societatis bono prospicitur, per vestras ephemerides in vulgus spargere et rationum momentis communire satagite ; omnibus unus sit amor, una mens, Ecclesiæ causam defendere et Romani Pontificatus jnra propugnare. Pro justitia, pro Religione, pro Ecclesiæ libertate pugnantes multa profecto molestiarum ac laborum seges, aspera multa toleranda vos manent: cavete ne animum des-

des choses. Dieu, d'ailleurs, assistera ceux qui combattront bien et leur apportera le secours abondant des grâces célestes.

Mais, afin que ces grâces vous viennent chaque jour de plus en plus fécondes, Nous accordons, avec la plus profonde affection de Notre cœur, à tous les écrivains des journaux catholiques et à chacun d'eux, comme témoignage de Notre bienveillance envers vous, la bénédiction apostolique.

Benedictio, etc.

pondeatis, facere enim et pati fortia christianum est. Aderit rite certantibus Deus, copiosa cœlestium munerum præsidia deferens.

Hæc autem ut uberiora in dies vobis obveniant, Apostolicam benedictionem, Nostræ in vos benevolentiæ testem, omnibus et singulis catholicarum ephemeridum scriptoribus, intimo cordis affectu impertimus.

TABLE DES MATIÈRES

Nimes. — Imp. LAFARE frères, place de la Couronne, 1

www.ingramcontent.com/pod-product-compliance
Ingram Content Group UK Ltd.
Pitfield, Milton Keynes, MK11 3LW, UK
UKHW021558260726
13993UKWH00002B/906